이중톈 중국사
\05\

춘

KB165795

易中天中華史：從春秋到戰國

춘추에서 전국까지

從春秋到戰國

易 中 天 中 國 史

이중톈 중국사 \05\

이중톈 지음 | 김택규 옮김

글항아리

일러두기
– 이번 권에서 언급된 역사적 사실은 『좌전』 『국어』 『사기』, 판원란范文瀾의 『중국통사』,
젠보짠翦伯贊의 『선진사先秦史』, 퉁수예童書業의 『춘추사』 참고.
– 본문에서 괄호 속 설명은 지명 표기 등을 제외하면 옮긴이가 붙인 것이다.

춘추 시대에서 전국 시대까지의
500년 역사는 전차에 묶여 전진했다.

中　　/　　國　　/　　史　　/

정 장공은 큰 깃발을 휘두르면 즉시 북을 울려 진군할 것을 명했다.
그의 승리는 새로운 시대의 막을 열었다.

안에서 재앙이 일어나다

내분의
시작

정鄭 장공莊公은 자신의 생모와 남동생과 반목했다.[1]

　이 사건은 기원전 722년(노魯 은공隱公 원년), 즉 『춘추』에서 말하는 첫 번째 해에 일어났다. 이 해는 건국 후 200년 만에 이스라엘이 아시리아에게 멸망당하고 유대 왕국만 남아 간신히 유대 민족의 명맥을 유지하게 된 해였다. 그런데 아시리아가 이스라엘을 멸한 것은 통상적인 이민족의 침입이었지만 정나라의 이 사건은 명백한 내분이었다. 『춘추』가 모자와 형제의 내분으로 그 서막을 연 것은 비록 우연이기는 해도 그 의미가 단순하지 않다.

　먼저 인물 관계를 살펴보자.

　이 사건의 남자 주인공은 당연히 정 장공이었다. 장공은 정나라의 세 번째 군주로서 정 무공武公의 적장자嫡長子였으며 이름은 오생寤生이었다. 그리고 무공의 정실은 신申나라의 공주 무강武姜이었다. 무武는 **012**

---

1 이 절과 다음 절은 『좌전』 은공 원년 참고.

남편의 시호이며 강姜은 친정의 성이다. 신나라는 백이伯夷의 후예였다고 하며 성이 강이었다. 정나라는 주나라 여왕厲王의 후예로서 성이 희姬였다. 무공이 무강을 아내로 맞은 것은 희씨와 강씨, 두 씨족 족장의 관습적인 통혼의 한 예에 불과하다.

무강은 무공에게 아들 둘을 낳아주었다. 첫째의 이름은 오생, 둘째의 이름은 단段이었다. 나중에 무장 충돌을 한 것은 바로 이 형제였고 서로 안면몰수를 하고 맞선 것은 오생과 무강 모자였다.

이상한 일이다. 피는 물보다 진한 법인데 어째서 이들은 물과 불처럼 서로 어울리지 못한 것일까?

전해오는 말에 따르면 무강이 장남을 좋아하지 않았기 때문이라고 한다. 좋아하지 않은 이유도 매우 이상하다. 장남이 태어날 때 두 다리부터 먼저 나와서 그녀를 혼비백산하게 했기 때문이라고 한다. 그래서 장남의 이름도 '오생寤生', 즉 '거꾸로 태어난 아이'('오寤'는 '(잠에서) 깨다'라는 뜻이지만 옛날에는 '오啎', 즉 '거스르다'는 뜻으로도 쓰였다)라고 지었다.

거꾸로 태어난 오생은 사랑을 못 받고 컸다. 나중에 남동생 단이 태어난 뒤로는 어머니의 사랑을 단에게 전부 빼앗겨버렸다. 심지어 무강은 잠자리에서 단을 태자로 세우자고 몇 번이나 무공을 꼬드겼다. 하지만 결국 뜻을 이루지는 못했다. 훗날 무공이 죽고 오생이 그 뒤를 이었을 때, 무강은 또 단에게 봉지封地를 내려달라고 요구했다.
013 그때 무강은 이미 노부인이었고 후대의 태후에 해당되었으므로 당연

히 뜻을 이루었다. 그리하여 원하던 대로 경京 지역을 얻은 숙단叔段('숙叔'은 아우를 이르는 말)은 사람들에게 '경성 대숙京城大叔'이라 불렸다. 이 호칭은 '경 지역에 사는 군주의 첫 번째 동생'이라는 뜻이다.

숙단은 경 지역을 얻자마자 군비를 확충하고 법도에서 벗어난 일을 획책하기 시작했다. 이를 두고 『춘추좌씨전春秋左氏傳』(이하 『좌전』)에서는 "성벽을 쌓고 군량을 비축했으며 갑옷과 병기를 만들고 보병과 전차병을 갖췄다完, 聚, 繕甲兵, 具卒乘"라고 했다. 한 마디로 숙단은 '반정부 무장세력'을 꾸린 것이다. 그리고 무강은 정나라 도읍에서 스파이 역할을 맡았다.

노 은공 원년, 숙단은 준비를 다 끝냈다고 자신하여 정나라 도읍을 습격할 계획을 세웠으며 무강도 안에서 성문을 열어줄 채비를 마쳤다. 그러나 이 소식을 접한 정 장공은 대부 자봉子封을 시켜 전차 200대를 몰고 가 경 지역을 토벌하게 했다. 경 지역의 백성들도 즉시 숙단과 자신들은 무관하다고 선을 그었다. 저항할 힘이 없어진 숙단은 어쩔 수 없이 언鄢 지역으로 뺑소니를 쳤다. 물론 그가 언 지역에 정착하도록 정 장공이 가만 놓아둘 리가 없었다. 당장 군대를 몰아 동쪽으로 쳐들어갔다. 5월 23일, 숙단은 재차 도망쳤다. 다만 이번에는 위衛나라의 공共 지역으로 도망쳐서 이때부터 '공숙단共叔段'이라고 불리게 되었다.

숙단이 공 지역으로 도망친 후, 정 장공은 무강을 성영城潁(지금의 허 **014**

난 성 린잉臨穎 서북쪽)으로 이주시키고 모자의 인연을 끊어 죽을 때까지 만나지 않겠노라 선언했다.

『춘추』에서 기술한 첫 번째 대사건은 대체로 이러했다.

하지만 이 사건은 미심쩍은 점이 있다.

정나라의 영토는 본래 지금의 산시陝西 성 화華 현 지역에 있었지만 나중에 지금의 허난 성 정저우와 신정 사이에서 신정에 더 가까운 곳으로 옮겨갔다. 정나라의 새 도읍이었기 때문에 '신정新鄭'이라는 이름이 붙여졌으니, 정 장공의 직할지인 정나라 도읍은 바로 이곳이었다. 그렇다면 이곳은 숙단이 봉해진 경 지역, 또 그가 몸을 피한 언 지역과 무슨 관계가 있었을까?

두 지역 사이에 있었다.

지도를 한번 살펴보기 바란다.

경 지역은 지금의 허난 성 싱양滎陽에 있었고 신정의 서북쪽에 위치했다. 그리고 언 지역은 지금의 허난 성 옌링鄢陵에 있었고 신정의 동남쪽에 위치했다. 경, 정, 언은 정확히 일직선상에 있었던 것이다. 따라서 숙단은 경에서 언으로 도망칠 때 반드시 신정을 통과해야 했다. 이런 도주로는 당연히 이상하지 않을 수 없다. 설마 숙단이 애초에 자수하려던 것이었을까? 아니면 정 장공의 전차가 쳐들어올 때, 도둑처럼 낮에는 숨고 밤에만 길을 재촉해 신정을 몰래 통과한 것일까?

다시 말하자면 언과 경 사이는 거리가 멀고 중간에 신정까지 끼어

015

진晉

산시 성

위衛   위

하

위¹
매沫
(조가朝歌)
위² 위³ 위⁴
조曹 초구 제구(복양)
(또는 조漕)

공共   늠연
(위나라의 세력 범위)   (정나라의 세력 범위)

허쩌

지오줘

하   황

주周   제制(호뢰) 싱양   정저우   카이펑
성주成周 싱양
뤄양 시 경京

정

상추 송宋
상구

신정新鄭   정鄭

언鄢(옌링)

쉬창 시

굵은 선은 단의 도주로: 경→언(신정을 통과함)→공(위나라의 세력 범위)
실선은 합리적인 도주로: 경→늠연(정나라의 세력 범위)→공(위나라의 세력 범위)

있어서 숙단의 세력 범위였을 가능성은 거의 없으며 그곳에 그의 조력자가 존재했다는 설도 전해지지 않는다. 그의 세력 범위는 주로 정나라의 서북쪽이었고 가장 멀리는 늠연廩延까지 미쳤다. 늠연은 지금의 허난 성 치淇 현과 화滑 현 남쪽에 있어서 언과는 전혀 동떨어진 지역이었다. 다만 공 지역과는 상당히 가까웠다. 공은 지금의 허난 성 후이셴輝縣에 있었고 당시에는 위나라의 세력 범위였다. 실제로 숙단은 공에 도착한 뒤로는 별다른 일이 없었으며 정 장공도 사람을 보내 붙잡거나 암살하려 하지 않았다. 오히려 반성하듯 "과인은 동생이 있으나 화합하지 못하여 객지를 전전하게 했다寡人有弟, 不能和協, 而使糊其口于四方"[2]라고 말했다. 따라서 숙단의 도주로는 틀림없이 경에서 늠연, 그 다음에는 늠연에서 공으로 이어졌을 것이다. 심지어 늠연까지만 갔어도 어느 정도 안전해졌을 텐데 왜 굳이 언으로 도망쳤겠는가?

이것은 오직 숙단만이 알고 있다. 역사에서는 아무런 설명도 없다.

더 이해하기 힘든 것은 정 장공이다.

정 장공은 춘추 시대 최초의 능력자였다. 그 후에 나타난, 그에 필적할 만한 인물은 제齊 환공桓公과 진晉 문공文公 정도밖에 없었다. 그가 즉위했을 때, 정나라는 건국한 지 반 세기밖에 지나지 않았다. 그런데 그가 정권을 장악하고 30~40년 만에 정나라는 중원 최고의 대국으로 우뚝 섰다.[3] 천하를 제패한 이런 정치가가 왜 숙단이 무려

---

2 이 말은 『좌전』 은공 11년 참고.

22년이나 경거망동을 저지르게 내버려두었을까?[4] 설마 숙단의 늑대 같은 야심을 사전에 전혀 눈치 채지 못했던 걸까? 그를 일깨우고 충고한 사람이 아무도 없었던 걸까?

당연히 없을 리가 없었다.

---

3 정나라는 기원전 806년(주 선왕 22)에 세워졌다. 장공이 즉위한 해는 기원전 744년(주 평왕 27), 사망한 해는 기원전 701년(주 환왕 19)이다.
4 장공이 숙단을 격파한 해는 기원전 722년(주 평왕 49, 노 은공 원년)이다.

지나친 관용은
간신을 키운다

정 장공에게 충고한 사람은 제중祭仲과 자봉이었다.

　제중은 제족祭足 혹은 중족仲足이라고도 불렸으며 본래 하급 관리
로서 관직은 봉인封人이었다. 봉인은 변경 경계선의 식수植樹와 봉토封
土(경계선을 따라 판 도랑 양쪽에 쌓아 만든 흙 둔덕)를 책임졌으므로 봉인이
라 불렸다. 제중이 관리하던 지역은 제祭라는 곳이었는데 지금의 정저
우 동북쪽에 있었다. 나중에 정 장공은 그를 조정으로 불러 중신으
로 삼고 제정祭亭이라는 지역을 채읍으로 하사했다. 그래서 본명이 중
족이었던 그는 '제祭'를 씨로 삼아 제중 혹은 제족이라 불리게 되었다.
장공의 치세 내내 제중은 조정의 중신이었다. 심지어 장공이 죽은 뒤
에는 군주를 마음대로 세우고 폐할 정도의 세력을 손에 넣었다.

　숙단이 경 지역에서 대규모 토목공사를 벌일 때 제중은 장공에게
이렇게 충고했다.

"선왕께서는 한 나라의 다른 도시들은 아무리 커도 도읍의 삼분지 일을 넘어서는 안 된다고 규정하셨습니다. 그렇게 하지 않으면 장차 화근이 될 겁니다. 지금 경 지역의 규모는 이미 정해진 한계를 한참 넘어섰으므로 앞으로 군주께서 감당하지 못하실까 두렵습니다."

이에 장공은 말했다.

"노부인이 당부한 일이라 어쩔 도리가 없네."

"노부인이야 만족을 모르시는 분이 아닙니까. 불의의 변고가 생기지 않게 일찌감치 안배를 해두는 것이 옳습니다. 멋대로 무성해진 잡초도 깨끗이 제거하기 힘든데 하물며 군주의 총애하는 동생 분은 어떠하겠습니까?"

"불의를 저지르는 자는 자멸하게 마련이네. 우선은 지켜보세."

지켜본 결과, 숙단은 마침내 팽창하기 시작해 정나라 서쪽과 북쪽 지역에 대해 자신을 따르라고 명했다.

이때 자봉이 장공에게 말했다.

"한 나라는 두 명의 군주나 여러 당파를 용납하지 못합니다. 어쭙건대 군주께서는 대체 어쩔 생각이십니까? 양위讓位를 하실 생각이면 신은 명에 따라 충성을 다하겠습니다. 그것이 아니시라면 이제 그 자를 제거하겠습니다. 어쨌든 백성들로 하여금 누구를 좇아야 할지 몰라 딴 마음을 품게 해서는 안 됩니다."

장공은 또 말했다.

"너무 걱정하지 말게. 천천히 하세나."

천천히 한 결과, 숙단의 팽창은 극에 달했다. 정나라 서쪽과 북쪽 지역을 전부·자신의 채읍으로 삼았을 뿐만 아니라 세력 범위를 늠연까지 확대했다.

자봉이 다시 입을 열었다.

"손을 쓰실 때가 되었습니다. 안 그러면 제어할 수 없게 됩니다."

그러나 장공의 생각은 달랐다.

"두렵지 않네. 의롭지 못한 자는 인심을 얻지 못하고 빨리 팽창할수록 빨리 무너지게 마련이지. 지금 그의 세력이 강하기는 하지만 때가 되면 틀림없이 와해될 걸세."

그래서 숙단이 무슨 짓을 하든 상관하지 않았다.

장공은 겉으로 보면 어리석었지만 실제로는 노련했다. 사람들이 생각하던 것처럼 노부인의 요구를 다 들어주지도 않았다. 본래 무강이 숙단의 봉지로 요구했던 지역은 경이 아니라 제制였다. 제는 지금의 허난 성 싱양 안에 위치했으며 호뢰관虎牢關이라고도 불렸다. 지도를 보면 알 수 있듯이 제는 경보다 신정과의 거리가 멀었다. 만약 그곳에서 숙단이 분열을 획책한다면 장공으로서는 통제하기 어려웠다. 반면에 경은 통제 범위 안에 있었다. 따라서 장공이 실제로는 앞날에 대해 대책이 있었고 단지 기다리는 중이었음을 알 수 있다.

무엇을 기다렸을까?

시기가 오기를 기다렸다.

확실히 숙단은 숨은 화근이었지만 철저히 뿌리를 뽑으려면 시기가 오기를 기다려야 했다. 어쨌든 그는 장공 자신의 친동생이면서 어머니의 아들이었기 때문이다. 단지 법도를 어겼다고 군대를 동원해 제재하는 것은 도리상 못할 일이었다. 그렇다고 딱히 다른 뾰족한 수가 있는 것도 아니었다. 기껏해야 불러서 한바탕 훈계를 하고 봉지를 다른 곳으로 옮기게 하는 정도였다. 그러나 숙단은 무강이라는 든든한 배경이 있어서 그것조차 가능할지 미지수였다.

그래서 문제의 지엽적인 해결을 포기하고 근본적인 해결을 택했다.

근본적인 해결책은 한번에 숙단과 무강을 파멸시키고 영원히 재기하지 못하게 만드는 것이었다.

하지만 그러기 위해서는 죄명이 필요했고 그 죄명은 바로 반역이었다.

반역은 사면조차 안 되는 대죄였다. 이런 죄를 저지르면 어떻게 처분하든 여론의 눈치를 볼 필요가 없었다. 다만 반역은 쉬운 일이 아니었다. 첫째, 마음이 있어야 하고 둘째, 배짱이 있어야 하며 셋째, 힘도 있어야 했다. 숙단과 무강은 이미 마음과 배짱은 갖고 있었다. 다만 힘이 없었다. 힘이 있어야 용기를 내어 결단을 내릴 수도 있는 법이다. 장공이 줄곧 자중하면서 제중과 자봉의 권고도 듣지 않고 숙단을 가만 놓아둔 것은 그 모자가 끝내 모험을 감행하게 하여 나중에 보다 용이하게 처벌하기 위해서였다. 그래서 장공은 무려 22년을 참고 기다렸으니 실로 대단한 인내심이었다.

정 장공은 담력도 대단한 인물이어서 사실은 도박을 한 것이나 다름없었다. 첫째, 그는 숙단과 무강이 모반을 할 것이라는 데 돈을 걸었고 둘째, 그들의 모반이 실패할 것이라는 데 돈을 걸었다. 그래서 그들이 간신이 되게끔 내버려두기로 결심한 것이다. 물론 일부러 간신을 키우는 것은 위험한 일이다. 만약 숙단과 무강이 모반하지 않았다면 그는 이 도박에서 패했을 것이고 혹시라도 그들의 모반이 성공했다면 죽어서 몸을 묻을 자리조차 못 얻었을 것이다.

그것은 한 판의 호기 넘치는 도박이었다.

물론 이 도박의 승자는 역시 장공이었다.

승자는 역사가들을 딜레마에 빠뜨리곤 한다. 우리는 주나라인의 정치 이념과 주장이 '예로써 나라를 다스리는 것' 즉 '예치禮治'였음을 알고 있다. 예에 따르면 정 장공은 추호도 잘못한 것이 없다. 그가 적장자인데도 무강은 그가 군주 자리를 잇는 것에 반대했으니 잘못한 쪽은 무강이었다. 또한 그가 군주이면서 형인데도 숙단은 그에게 도전했으니 역시 잘못한 쪽은 숙단이었다. 더구나 숙단은 그에게 맞선 것도 모자라 하극상의 난까지 일으켰으니 어떤 처분을 받아도 변명의 여지가 없었다.

023　　그런데 누구나 알고 있듯이 숙단의 흉계와 모반은 정 장공이 조장

한 것이었다. 그러나 또 누구도 그를 탓할 수 없었다. 왜냐하면 장공의 모든 처신은 무강에 대한 '효심'으로 설명될 수 있었기 때문이다. 나중에 그가 무강과 반목하지 않았더라면 누구도 그를 문제 삼지 못했을 것이다.

장공의 심기는 이토록 깊고 치밀했다.

예치를 중시하는 역사가들은 아마 심히 곤혹스러웠을 것이다. 그래서 "정백鄭伯이 언에서 단을 이겼다鄭伯克段於鄢"라는 몇 글자만으로 입장을 표명했다. 『좌전』에 따르면 이런 서술 방식은 숙단이 동생답지 못했고 장공도 형답지 못했음을 비판하는 동시에 숙단의 죄가 사실은 장공에 의해 조장되었음을 암시한다. 이것이 이른바 '춘추필법春秋筆法'이다. 공자는 이 필법이 예법을 어긴 사람을 위협하는 기능을 한다고 보았다.

안타깝게도 그 기능은 효과가 매우 미미했던 것 같다. 정반대로 정장공의 입장에 서면 그가 정당방위와 사전 방비를 한 것이라고 인정하지 않을 수 없다. 왜냐하면 춘추 시대는 이미 서주西周 시대와는 달랐기 때문이다. 군주의 자리를 남에게 빼앗길 가능성도 있었다. 실제로 3년 뒤, 한 군주가 자신의 난폭한 동생에게 살해당한 사건이 일어났다.

그 난폭한 동생의 이름은 주우州吁였다.

최초의 군주
시해 사건

주우는 숙단과 같은 부류, 심지어 한패거리였다. 사마천司馬遷은 숙단
이 막 공 지역으로 도망쳐왔을 때 주우가 먼저 친구가 되자고 했다고
말했다. 당시 그 두 사람은 모두 망명자 신세였다. 단지 숙단은 내전
에서 패하여, 그리고 주우는 파직당하여 도망쳐온 것만 달랐다. 하지
만 형을 밀어내고 스스로 군주가 되려한 점에서는 서로 일치했다. 따
라서 주우는 외지에서 배신자들을 끌어 모아 조직을 결성한 셈이었
다. 노 은공 4년(기원전 719) 3월 16일, 오랫동안 계략을 꾸며온 주우는
그 조직을 이끌고 위衛나라의 도읍을 기습해 배다른 형을 죽이고서
군주가 되었다.[5]

그것은 춘추 시대 최초의 군주 시해 사건이었다.

그 후로 다른 나라의 군주들도 잇따라 수난을 당했다. 누구는 살
해당하고 또 누구는 도망쳐서 목숨을 잃거나 명예에 금이 갔다. 군

5 이 절은 『좌전』 은공 4년과 『사기』 「위세가衛世家」 참고.

주를 시해하고 스스로 군주가 된 경우도 적지 않다. 예를 들어 제4권에 나온, 하희夏姬의 아들 하징서夏徵舒도 그랬다. 하지만 그 최초의 사례는 주우다.

그렇다면 주우는 어떤 인물이었을까?

주우는 위衛 환공桓公의 동생이었다.

위나라는 주나라 시대의 가장 오래된 제후국 중 하나였다. 성은 희姬이고 초대 군주는 주공周公의 동생 강숙봉康叔封이며 8대 군주인 경후頃侯에 이르러 백작伯爵에서 후작侯爵으로 작위가 올랐다. 그리고 11대 군주 무공武公 때에 다시 공작公爵으로 승급되었다(주나라의 5등작 제도는 공작이 가장 높고 그 다음 순서는 후작, 백작, 자작子爵, 남작男爵이었다). 이 무공의 아들은 장공莊公이었으며 장공의 정실은 제나라의 공주였다. 제나라는 강태공姜太公의 후예로서 성이 강姜이고 위나라는 주 문왕의 후예로서 성이 희였다. 장공의 결혼도 희족과 강족의 관습적인 통혼의 한 예였던 것이다. 그래서 제나라의 그 공주는 나중에 장강莊姜이라고 불렸다. 장은 위 장공의 시호이고 강은 그녀의 친정의 성이었다. 이것은 정 장공의 어머니가 무강이라 불린 것과 일맥상통한다.

장강은 미녀였다. 『시경詩經』의 「석인碩人」은 바로 그녀를 찬미하는 시다. 그러나 장강은 아이를 낳지 못해 장공의 한 측실의 아들을 거둬 자기 아이처럼 키웠다. 그 아이의 이름은 완完이었고 훗날 위 환공이 되었다. 그리고 주우는 위 장공의 또 다른 애첩이 낳은 아들로서 환공보다 나이가 어렸다. 이것이 바로 주우가 숙단과 다른 점이었다. 숙단과 정 장공은 둘 다 부모가 같은 적자였다. 반면에 주우와 위 환공은 아버지만 같고 어머니는 다른 서자였다. 단지 환공은 장강에게 입양되어 명분상 적장자였을 따름이다.

더 중요한 차이는 후원자였다. 숙단의 후원자는 어머니였지만 주우의 후원자는 아버지였다. 주우는 어려서부터 장난이 심하고 말썽쟁이였으며 폭력을 선호하고 병법에 관심이 많았다. 이것은 사실 위험한 징후였다. 그런데 장강이 질색을 하고 대신들도 간언을 올렸지만 장공은 그냥 마음대로 하게 내버려두었다. 그야말로 자식 교육에 원칙이라는 것이 없었다.

이런 까닭에 장공이 죽고 환공이 즉위하자 주우는 한층 더 거만을 떨고 횡포를 부렸다. 군주인 형은 안중에도 두지 않았다. 환공은 어쩔 수 없이 그의 관직을 박탈했다. 그 후, 주우는 도읍을 빠져나가 지방에서 도당을 만들었고 숙단까지 끌어들였다. 그렇게 14년 간 힘을 키운 끝에 주우의 반정부 무장세력은 환공의 합법적 정권을 무너뜨렸으며 주우 자신은 위나라의 새 군주가 되었다.

그러나 반년도 지나지 않아 주우는 몸과 머리가 분리되는 신세가 되고 말았다.

왜 그랬을까?

자신이 저지른 업보 때문이었다.

군주가 된 후 주우가 첫 번째로 추진한 일은 정나라 정벌이었다. 이것은 그리 놀라운 일이 아니었다. 첫째, 위나라와 정나라는 대대로 내려오는 원수였다. 따라서 정나라 정벌로 자신이 선조의 유지를 계승해 바른 정치를 한다고 표방할 수 있었다. 둘째, 친구 숙단의 분풀이를 돕고 운이 좋으면 그를 정나라 군주로 앉힐 수도 있었다. 셋째, 몇몇 제후들의 비위를 맞출 수 있었다. 당시 정나라의 빠른 발전을 선망하거나 시기하는 제후들이 적지 않았기 때문이다. 그러나 가장 중요한 이유는 그가 부정한 방법으로 군주가 된 탓에 돌아선 민심의 주의를 대외 전쟁 쪽으로 돌리는 것이었다. 이것은 역대 통치자들의 전형적인 수법이기도 했다. 그래서 『좌전』에서는 주우의 이 정벌에 대해 "정나라에 대한 선대 군주의 원한을 풀고 제후들에게 환심을 얻어 백성들을 가라앉히려 했다修先君之怨於鄭, 而求寵於諸侯, 以和其民"라고 했다.

공교롭게도 역시 송나라에서 군주 자리를 놓고 다툰 한 인물이 마침 그때 정나라에 피신을 가 있었다. 그래서 주우는 송나라와 손을 잡고 진陳나라와 채蔡나라까지 끌어들여 함께 정나라로 쳐들어가 닷새 동안 도성을 포위했다. 노 은공 4년 봄에 일어난 사건이었다. 그들은 가을에 또 다시 쳐들어가 정나라의 곡식을 깡그리 빼앗아갔다.

이제 주우는 두 발 뻗고 편히 잘 수 있게 되었을까?

그렇지 않았다.

주우가 두 차례의 전쟁으로 작게나마 성과를 거두었는데도 위나라의 민심은 여전히 술렁였다. 이 때문에 주우 자신도 불안했지만 그의 한 측근도 안달이 났다. 그 측근의 이름은 석후石厚였고 석작石碏의 아들이었다. 전대의 원로였던 석작은 이미 16년 전에 노령으로 사직하고 낙향한 상태였다.

석후는 아버지를 찾아가 주우가 어떻게 군주 자리를 안정적으로 지킬 수 있을지 물었다.

석작은 천자를 배알하면 된다고 말했다.

일리 있는 말이었다. 당시의 주나라 천자는 비록 예전보다는 힘이 덜했지만 여전히 명분상으로는 천하의 주인이었다. 만약 천자가 주우를 만나준다면 다른 제후들도 그를 인정하지 않을 수 없을 것이고 주우의 군주 자리도 안정될 것이다.

그래서 석후는 또 물었다.

"어떻게 해야 천자를 뵐 수 있습니까?"

석작의 대답은 이랬다.

"진陳나라를 통하면 된다. 진나라 군주는 천자의 총신이며 우리나라의 맹우盟友이기도 하다. 진나라 군주에게 나서달라고 하면 천자께서는 그의 체면을 봐서라도 만나주실 것이다."

주우와 석후는 옳다고 여기고 그렇게 하기로 했다.

029   옛말에 "하늘이 내린 재앙은 피할 수 있지만 자신이 저지른 죄악은

피할 수 없다"라는 말이 있다. 주우와 석후는 석작이 본래 주우를 싫어했음을 기억하지 못하고 있었다. 장공이 살아 있을 때 석작은 주우를 엄히 가르쳐야 한다고 간언한 바 있었다. 석후가 주우와 어울리는 것도 강력히 반대했지만 끝내 뜻을 이루지는 못했다. 그런데도 주우와 석후가 그를 찾아 의견을 물었으니 어찌 문제가 없었겠는가? 물론 석작이 나라를 위해 자기 아들의 목숨까지 포기할 줄은 누구도 상상하지 못했다. 사실, 주우와 석후가 신바람이 나서 진나라로 달려갈 때 그곳에는 석작의 비밀 편지가 먼저 당도해 있었다. 그 편지의 내용은 다음과 같았다.

"위나라는 약소국이며 저는 늙고 무력한 인물입니다. 그러나 그 두 사람은 군주를 시해한 대역죄인으로서 난신적자亂臣賊子는 마땅히 잡아 죽여야 합니다. 청컨대 귀국은 그자들을 잡아 정의를 바로잡아 주십시오!"

결국 주우와 석후는 진나라 현지에서 참형을 받게 되었다.

물론 그들이 잡힌 곳은 진나라였어도 처벌의 주체는 위나라였다. 당시의 국제법에 따르면 위나라는 그들을 인도받아 본국으로 데려올 필요는 없었지만 그들의 참형을 주재할 사람을 파견해야 했다. 그래서 위나라는 두 명의 관리를 파견했다. 주우의 참형을 주재한 사람은 위나라의 재상이었고 석후의 참형을 주재한 사람은 석작의 집사였다.

그 후, 위나라는 따로 공자 진晉을 군주로 세웠으니 이 사람이 바로 위 선공宣公이다.

반년 간 계속된 위나라의 내란은 이렇게 끝이 났다.

둘이
더 죽다

위나라의 내란이 끝난 지 얼마 안 있어 또 두 명의 군주가 비명횡사했다.[6]

그 첫 번째 군주는 노 은공이었다.

노나라도 주나라 시대의 가장 오래된 제후국 중 하나였다. 성은 희이고 초대 군주는 주공의 장남 백금伯禽이며 도읍은 곡부曲阜였다. 백금부터 은공까지 모두 열세 명의 군주가 존재했으며 『춘추』 기술은 바로 은공 원년부터 시작되었다.

은공은 혜공惠公의 아들이었다. 『좌전』에 따르면 혜공은 적어도 두 명의 아들과 두 명의 부인을 두었다. 그 두 명의 부인은 다 송나라의 공주로서 한 명은 맹자孟子, 다른 한 명은 중자仲子였다. 자는 그녀들의 친정의 성이고 맹과 중은 항렬이었다. 맹은 첫째를, 중은 둘째를 의미한다. 맹자는 아들이 없었다. 그녀가 죽은 뒤, 혜공은 다시 중자와 결

이 절은 『좌전』의 은공 원년부터 환공 2년까지의 기록과 『사기』의 「노세가魯世家」 「송세가宋世家」 참고.

혼했다. 이 중자가 낳은 아들이 바로 훗날의 노 환공이다. 혜공에게
는 그밖에도 성자聲子라는 여자가 있었다. 이 성자의 아들은 노 은공
이 되었다. 은공은 환공보다 나이가 훨씬 많았는데도 적장자로 대접
을 못 받았다. 이로부터 성자는 본래 맹자가 친정에서 데려온 몸종이
었다고 추론해볼 수 있다.[7]

　몸종의 지위는 당연히 낮았다. 은공 자신도 스스로 몸을 낮추었
다. 그런데 혜공이 죽은 뒤, 환공이 너무 어려서 은공이 섭정하게 되
었다. 은공은 자신이 군주의 대리자일 뿐임을 잘 알고 있었다. 이 점
은 숙단이나 주우와 정반대였다. 아무래도 노나라는 주공의 후예여
서 예교의 작용이 더 강했던 것 같다.

　그런데 바로 그런 겸손하고 예의바른 태도로 인해 은공은 죽음의
화를 맞게 되었다.

　은공이 그렇게 된 것은 대부 우보羽父 때문이었다.

　우보는 야심가였으며 포악하고 사나운 사내이기도 했다. 기원전
719년, 주우가 송나라, 진나라, 채나라와 연합해 정나라를 쳤다. 송
나라는 노나라와 혼인관계가 있었기 때문에 노나라도 동맹에 끌어들
이려 했다. 노 은공은 흙탕물에 발을 들이고 싶지 않았으므로 완곡
히 거절했는데 뜻밖에 우보가 군대를 이끌고 그 소동에 끼어들었다.
나중에 우보는 권력이 갈수록 커져서 연이어 중대한 일들을 맡고 야
심도 커져만 갔다.

---

7 이상의 복잡한 관계는 『좌전』과 양보쥔楊伯峻의 주를 근거로 추정했다.

그래서 우보는 동생을 암살해줄 테니 대신에 자기를 재상이 되게 해달라고 은공에게 제안했다.

우보가 이런 생각을 한 것은 그리 놀랍지 않다. 야심가는 언제나 다른 사람도 자기처럼 야심이 있다고 생각한다. 사실 종법제도에 의하면 본래 노나라의 군주는 은공의 동생이 맡아야 했다. 그가 적자였기 때문이다.

적자가 어릴 때 서자인 형이 섭정하는 것은 가능했지만 적자가 성년이 되면 정권을 돌려줘야 했다. 물론 적자가 이미 세상 사람이 아닌 경우는 예외였다. 따라서 은공이 군주 자리를 탐했다면 우보의 음모에 찬성하거나 그것을 묵인했을 것이다.

애석하게도 은공은 그럴 생각이 없었다.

노 은공은 말했다.

"내가 군주를 대리하는 것은 동생이 어리기 때문이오. 그가 장성하면 마땅히 정권을 돌려줄 것이오. 나는 여생을 보낼 곳도 이미 정해 놓았소."

이 뜻밖의 말에 우보는 놀라고 두려웠을 것이다. 그는 자기 잘못은 인정하지 않고 은공의 동생, 즉 훗날의 환공에게 은공을 모함하는 한편, 은공을 사지로 몰아넣을 기회를 엿보았다. 그런데 무속을 믿는 은공이 마침 신에게 제사를 올리려고 한 대부의 집에 묵게 되었다. 우보는 그 틈을 타 자객을 보내서 은공을 죽인 뒤, 그 대부를 위협해 입막음을 하려고 그의 가족까지 몇 명 죽이게 했다.

노 은공과 그 대부의 가족들은 그렇게 정체불명의 죽음을 당했다. 환공은 심지어 군주의 예의에 맞춰 은공의 장례를 치르지도 않았다.

이 사례를 보면 "선한 사람에게는 선한 보답이 있다"는 옛말은 꼭 맞는 것 같지는 않다.

노 은공은 위 환공이 피살된 지 7년 뒤, 즉 노 은공 11년(기원전 712) 11월에 피살되었다. 그리고 1년쯤 뒤에 송나라의 군주도 피살되었다.

송나라도 마찬가지로 주나라 시대의 가장 오래된 제후국이었다. 성은 자子이고 초대 군주는 은殷 주왕紂王의 서형庶兄 미자계微子啓이며 도읍은 상구商丘였다. 미자계부터 무공武公까지 모두 열두 명의 군주가 존재했다. 그리고 무공의 딸인 중자는 바로 노 환공의 어머니였으며 무공의 아들로서 사서에 기록된 이는 역力과 화和 두 명이었다. 무공이 세상을 떠나자 역이 그 뒤를 이었으니 이 사람이 바로 송 선공宣公이었으며, 선공이 죽고 나서는 태자 여이與夷가 아니라 동생 화가 그 뒤를 이었다. 선공은 생전에 "아버지가 죽으면 자식이, 형이 죽으면 동생이 뒤를 잇는 것은 천하의 보편적인 이치다"라고 말했다. 그래서 화는 거듭 사양하다가 군주의 자리에 올랐다. 이 사람은 곧 송 목공穆公이었다.

사실 주나라의 규범은 부자 승계였고 형제 승계는 상나라의 규범이었다. 따라서 선공은 선조인 상나라의 전통을 따른 것일 뿐이었다.

그런데 이 일로 목공은 형인 선공에게 은혜를 빚진 셈이어서 그 역시 죽기 전에 자기 아들 풍馮이 아니라 형의 아들 여이에게 군주 자리를 넘기려 했다.

송 목공은 대부 공보가孔父嘉에게 새 군주를 보좌해 자신의 정치적 유지를 집행해달라고 부탁했다. 공보가는 공자의 6대 조상이다.

송 목공은 말했다.

"선군先君께서 여이를 내치고 과인에게 양위하신 일을 과인은 단 하루도 잊은 날이 없소. 청컨대 선생이 여이를 군주로 옹립해준다면 과인은 죽어도 여한이 없을 것이오."

그러나 공보가의 생각은 달랐다.

"신하들은 다 풍을 군주로 세워야 한다고 주장합니다."

"그럴 수는 없소! 선군께서 과인에게 나라를 양보한 것은 과인이 현명하다고 생각하셨기 때문이오. 그런데 과인이 나라를 양보하지 않는다면 선군의 기대를 저버리는 것이니 어찌 현명하다 할 수 있겠소? 친애하는 선생께서는 부디 선군의 아름다운 덕을 빛내주시오!"

공보가는 할 수 없이 공자 풍으로 하여금 정나라로 떠나게 한 뒤, 여이를 군주로 옹립했다. 그는 바로 송 상공殤公이었다.

애석하게도 송 상공은 변변치 않은 인물이었다. 재위 10년간 열한 번이나 전쟁을 벌여 백성들의 원성이 하늘을 찔렀다. 이때 송나라의 태재太宰 화보독華父督은 그렇게 전쟁을 빈발하게 만든 원흉이 군대를 총괄하던 공보가라고 유언비어를 퍼뜨린 뒤, 쿠데타를 일으켜 공보가를 살해했다. 이어서 그 소식을 듣고 송 상공이 진노하자 아예 그도 죽여 버리고 공자 풍을 귀국시켜 군주로 세웠다. 이 사람은 곧 송 장공莊公이다.

화보독은 왜 공보가를 제거한 것일까?

일설에 의하면 어느 날 그가 길에서 우연히 공보가의 아내를 보고 홀딱 반하여 무슨 수를 써서든 빼앗겠다고 결심했기 때문이라고 한다. 이 일은 당연히 진위를 가리기 어렵다. 다만 확실한 것은, 이 사건으로 인해 공씨 가문은 몰락해버려 결국 노나라로 이민을 떠나야 했다. 공자가 노나라 사람이 된 원인이 여기에 있다.

이것이 세 번째 군주 시해 사건이었다.

연이은 군주 시해 사건이 춘추 시대의 서막을 열었다. 그런데 노나라와 송나라의 내란은 정나라에 득이 되었다. 노 환공은 즉위하자마자 정나라와 동맹 관계를 맺었다. 그리고 송나라의 화보독은 정나라로 가 있던 공자 풍을 데려와야 했으므로 당연히 정나라에 우호적인 태도를 보였다. 송나라는 본래 정나라의 철천지원수여서 늘 위나라와 손잡고 정나라에 맞서곤 했다. 노나라는 중립을 지키는 편이었지만 우보가 군대를 거느리고 송과 위의 정나라 정벌에 참여한 바 있었다. 이제 송나라와 노나라의 이런 입장 변화로 정나라는 더 강력해졌다. 득의양양해진 정 장공은 내친 김에 껄끄러운 적수를 혼내기로 마음먹었다.

그 적수는 바로 주 환왕桓王이었다.

천자가
두들겨 맞다

주 환왕은 스스로 매를 벌었다.[8]

　이 사건은 이치대로라면 일어나서는 안 되는 일이었다. 주나라와 정나라는 본래 각별한 관계였기 때문이다. 정나라는 주나라의 마지막 제후국으로서 초대 군주인 환공桓公은 주 여왕의 어린 아들이었고 주 선왕宣王에 의해 제후가 되었다. 환공은 정나라의 군주이자 주왕周王의 대신이었으며 유왕幽王 때 주나라의 사도司徒를 역임했다. 당시 서주의 왕실은 이미 쇠락한 반면, 동쪽의 이민족은 강대했다. 환공은 서주 왕실을 위해 힘써 일하면서도 자신의 나라와 자손을 보존하기 위해 왕실 사관 사백史伯의 충고에 따라 본래의 영토를 신정으로 옮겼다. 지금의 허난 성 북부의 중앙에 해당하는 지역이었다. 이곳이 춘추 시대의 정나라였다.

　이렇게 보면 정나라는 당연히 주나라에 충성을 다해야 했다.

039

마찬가지로 주나라도 정나라를 우대해야 마땅했다. 동주東周(이민족 견융犬戎의 위협으로 기원전 770년 평왕平王 때 도읍을 호경鎬京에서 동쪽의 낙양으로 옮긴 이후의 주나라를 동주라고 하며 그 이전의 주나라는 서주라고 한다) 왕실의 존속은 거의 진晉나라와 정나라, 이 두 대국에 달려 있었기 때문이다. 진나라는 황하 북쪽 연안에, 정나라는 남쪽 연안에 위치해 있었다. 그래서 진나라는 주나라 북쪽을, 정나라는 주나라 동쪽을 호위했다. 서쪽의 방어벽은 우虞나라와 괵虢나라(우나라는 지금의 산시山西 성 핑루平陸, 괵나라는 지금의 허난 성 산陝 현에 있었다), 남쪽의 방어벽은 신申나라와 여呂나라(두 나라 모두 지금의 허난 성 난양南陽 경계 안에 있었다)였다.

이것이 바로 동주 초기의 형세였다. 나중에는 진나라가 분열되어 스스로를 돌볼 여력조차 부족하게 되었고 초나라가 강성해져 남쪽이 불안해졌다. 결국 주 왕실의 울타리는 정나라와 괵나라만 남았다.

갈등은 이로부터 비롯되었다.

괵나라는 주 문왕의 동생 괵중虢仲의 제후국으로서 서괵西虢이라고도 불렸다. 따로 주 문왕의 동생 괵숙의 동괵東虢도 있었지만 나중에 정나라에게 망하여 서괵만 괵나라로 불렸다. 동주 초기, 괵나라 군주는 이미 공작으로 승급된 듯하고 정나라 군주는 백작이었다. 그런데 정나라의 국력은 괵나라를 능가했으며 초대 군주 환공은 서주가 멸망할 때 순국했다. 그래서 정나라의 2대 군주 무공, 3대 군주 장공은 줄곧 평왕의 경사卿士(집정관)였고 주 왕실의 중신으로서 대권을 손에 쥐었다. 그때는 주나라와 정나라의 밀월기였다.

그런데 어느 때인가 정 장공은 주 평왕이 자신을 그리 신뢰하지 않고 권력의 반을 괵공虢公에게 넘기려 한다는 것을 알았다. 대단히 불쾌해하는 그에게 평왕은 맹세코 그런 일은 없을 것이라고 말했다. 이 일로 인하여 끝내 주나라와 정나라는 인질을 교환하게 되었다. 주나라의 왕자 호狐는 정나라로, 정나라의 공자 홀忽은 주나라로 보내졌다.

그것은 어처구니없는 일이었다. 왜냐하면 법적으로 주왕과 정나라 군주는 군신관계였기 때문이다. 인질의 교환은 제후와 제후 사이에서만 일어날 수 있는 일이었다. 주 평왕의 그런 조치는 사실상 자신을 제후로 격하시킨 것이나 다름없었다. 왕실의 존엄과 체면이 크게 훼손된 것이다.

노 은공 3년(기원전 720) 3월 12일, 주 평왕이 붕어했다. 그 뒤를 이은 환왕은 젊고 혈기왕성하여 정말로 권력의 반을 괵공에게 넘겼다. 당시의 정 장공은 배분으로 치면 주 환왕의 작은할아버지에 해당했다. 그냥 참고 넘어갈 리가 없었다. 결국 그 애송이에게 본때를 보여주기로 마음먹었다. 4월에 정나라 대부 제중은 군대를 지휘해 주나라의 들에 자란 보리를 베어갔다. 또 가을에도 주나라의 곡식을 베어갔다. 앞의 일은 온溫(지금의 허난 성 원溫 현)에서 벌어진 일이라 주나라의 속국을 침략한 셈이었다. 뒤의 일은 성주成周(지금의 허난 성 뤄양)에서 벌어졌기 때문에 주나라 천자의 코앞에서 소란을 피운 격이었다. 그래서 주나라와 정나라는 서로 원한을 맺었다.

그러나 원한은 원한이고 체면은 계속 유지해야 했다. 3년 뒤, 정 장공이 주 환왕을 알현할 때, 주 왕실은 그의 직위를 깎지 않았으며 또 2년이 지난 뒤에야 정식으로 괵공을 경사로 임명했다. 이제 괵공과 정 장공은 똑같이 경사였다. 더 구체적으로 말한다면 괵공은 우경사, 정백은 좌경사였다.

하지만 그랬다고 해서 주나라와 정나라가 예전처럼 화목해진 것은 아니었다. 양쪽이 다 정치적 계산이 있었을 뿐이다. 주 왕실은 여전히 정나라의 보호가 필요했고 정 장공도 주왕을 이용하려 했다. 왕실의 중신이면 적어도 전쟁할 때 왕명을 빙자할 수 있었으며 심지어 왕의 군대를 동원하는 것도 가능했다.[9] 정 장공은 이것을 강력히 원했다.

그래도 서로를 이용하려면 양쪽이 손발이 맞아야 한다. 하지만 환왕은 그런 이치를 몰랐던 것 같다. 처음에는 정 장공이 알현할 때 예의를 어기더니 그 다음에는 정나라의 실제적인 이익을 범했고 마지막에는 아예 정 장공의 모든 권력을 박탈했다. 정 장공 대신 좌경사를 맡은 인물은 주공周公인 흑견黑肩이었다.

정 장공은 막가자는 식으로 주왕을 다시 만나는 것을 거절했다.

주 환왕도 막가자는 식으로 연합군을 모아 정나라를 공격했다.

---

9 노 은공 9년, 정 장공은 송나라를 토벌하며 왕명을 빌렸다. 또한 은공 원년에 위나라를 토벌할 때는 왕의 군대를 동원했다.

그것은 춘추 시대에 천자가 친히 원정에 나선 유일한 예로서 때는 기원전 707년(노 환공 5) 가을, 장소는 수갈繻葛(지금의 허난 성 창거長葛)이었다. 주나라군 측을 보면 환왕이 친히 중군을 통솔했고 우군 사령관은 괵공 임보林父로서 채나라와 위衛나라 군대가 그 뒤를 따랐다. 그리고 좌군은 주공 흑견이 사령관이었으며 그 뒤를 진陳나라 군대가 따랐다.

이때 정나라의 공자 돌突이 말했다.

"진나라는 내정이 어지러워 군대가 싸울 의지가 없습니다. 만약 진나라군을 먼저 공략한다면 상대방은 분명 혼란에 빠질 것입니다."

정 장공은 이 건의를 받아들이고 큰 깃발을 휘두르면 즉시 북을 울려 진군할 것을 명했다. 결국 진나라군뿐만 아니라 채나라군과 위나라군까지 뿔뿔이 도망치는 바람에 주나라군은 사분오열되었다. 이 틈을 타 정나라군이 양쪽에서 협공하자 주나라군은 크게 패했고 환왕 자신도 어깨에 화살을 맞았다.

환왕을 산 채로 사로잡는 것은 식은 죽 먹기였다.

그러나 정 장공은 뜻밖에도 군자의 풍모를 보였다. 승기를 타고 추격하자는 부하의 건의를 뿌리치고 환왕이 도망치도록 내버려뒀을 뿐만 아니라, 제중을 보내 적군을 위문하고 극진히 보살피게 했다. 이때 정 장공은 말했다.

043 "군자는 심한 짓을 하지 않는데 하물며 천자를 능멸하겠는가? 강

산의 사직을 지키게 되었으니 이제 되었다."

정 장공은 지혜로웠다. 적당할 때 그만둘 줄 알았다.

주 왕실은 체면을 잃고 위엄이 땅에 떨어졌다. 이른바 '천하의 주인'
이 패전국이 되었으니 무슨 자격으로 천하를 호령하겠는가?

정 장공의 이 승리는 새로운 시대의 막을 열었다.

패주가
온다

주 환왕과 정 장공의 수갈 전투는 확실히 상징적인 사건이었다. 옛 제도와 질서가 이미 유지되기 어렵고 곧 와해될 것임을 상징했다. 천자부터 제후까지, 그리고 제후부터 대부까지 모든 정치 세력이 격렬한 혼란을 통해 재편되어 새로운 국가제도를 탄생시킬 운명이었다.

그것은 춘추 시대부터 전국 시대까지 이어지는 기나긴 과정이었다.

그 첫 번째 단계에서는 '지강至强'이 '지존至尊'을 대체했다.

지강은 무엇이고 지존은 무엇이었나?

역시 제도부터 설명해야만 하겠다.

서주부터 동주 시대까지 중국에서는 '방국邦國제도'가 실행되었다. 방국은 '봉건封建'에서 비롯되었다. 봉건은 바로 천자가 제후를 봉하고, 제후는 대부를 봉하여 각자 하사받은 영지를 다스리게 하는 제도였다. 구체적으로 말하면, 천자는 천하를 수십 개로 갈라 제후들에게 분봉했다. 그래서 세워진 것이 '국國', 다른 말로는 방국이었다. 제후들은 또 그 방국을 여러 개로 갈라 대부들에게 분봉했다. 그래서 세워진 것은 '가家', 다른 말로는 '채읍采邑'이었다. 이것이 바로 봉건이었다.

봉건의 결과로 천하, 국, 가가 생겨났다. 가와 국이 합쳐진 것이 곧 방국이며 방국들이 합쳐진 것이 곧 천하였다. 그리고 가는 대부의 것이고 국은 제후의 것이며 천하는 천자의 것이었다. 그러나 천자는 명분상 천하의 주인일 뿐이어서 방국의 주권은 제후가 행사했다. 천자 자신도 하나의 방국을 소유했는데 그것은 다른 방국들과 비교해 가장 높은 등급의 방국, 즉 왕국이라는 점만 달랐다. 나머지 방국들은 다스리는 제후의 작위에 따라 각기 공국公國, 후국侯國, 백국伯國, 자국子國, 남국男國이었다. 따라서 진정한 정치적, 경제적 실체는 방국이었고 이에 따라 방국제도라 불렸음을 확인할 수 있다.

방국제도 속에서 천자는 천하의 주인이면서 한 방국의 군주였다. 다만 천자 본인과 그의 방국의 등급이 가장 높았을 따름이다. 주왕은 사람 위의 사람, 주나라는 방국 위의 방국이었으니 이를 가리켜 '지존'이라고 한다. 동시에 그는 힘도 가장 강했다. 혹은 힘이 가장 강했기 때문에 천하의 주인이 되었으니 이를 가리켜 '지강'이라 한다. 다시 말해 서주 시대에는 지존과 지강이 하나였다.

지존과 지강 아래에는 '차존次尊'과 '차강次強'이 있었다. 그것은 제후 **046**

를 뜻했다. 물론 더 아래에 있는 것은 당연히 대부였다. 천자부터 제
후, 그리고 대부에 이르기까지 지위와 힘이 단계별로 줄어드는 구조
였던 것이다. 그래서 대부는 제후의 신하였고 제후는 천자의 신하였
다. 물론 대부도 신하가 있었다. 대부의 신하는 사士였으며 가신家臣이
라고 불렸다.

가신은 보통 대부의 가문에 속했으며 대부는 그들의 가군家君이었
다. 가신이 가군을 떠받드는 것은 마치 별들이 달 주위를 돌고 있는
것과 같았다. 다시 말해 대부의 가家 혹은 채읍은 뭇별이 달을 에워
싸고 있는 구조였다. 이를 더 확장하면 대부가 제후를 떠받들고 제
후가 천자를 떠받는 것도 마찬가지였다. 천자가 큰 달이면 제후는 큰
별, 제후가 중간 달이면 대부는 중간 별, 그리고 대부가 작은 달이면
가신은 작은 별인 셈이었다. 이런 삼중모델이 바로 '봉건질서'였다.

이로써 봉건질서를 유지하려면 그 전제조건으로 신분의 존비와 힘
의 강약이 계속 불변해야 했음을 알 수 있다. 주 왕국은 계속 가장
강하고 대부의 채읍은 계속 가장 약해야 했으며 제후국들은 일정 규
모를 계속 유지해야 했다. 발전하더라도 모두 똑같은 비율로 발전해
야지 균형을 잃는 것은 금물이었다.

그것은 당연히 불가능했다.

불가능했던 원인은 주 왕국을 비롯한 모든 방국이 다 독립채산제
로 자주 경영을 하며 스스로 손익을 책임졌기 때문이다. 몇 백 년의

세월이 흐르면서 방국 간에 차이가 생기지 않을 수 없었다. 어떤 곳은 번영과 발전을 구가했지만 어떤 곳은 나날이 기울어 파산의 위기에 처했다.

그때 밀림의 법칙에 따라 약육강식의 프로그램이 자동으로 가동되었다. 그 방식은 합병이고 수단은 전쟁이었다. 춘추 시대에는 적어도 200여 차례의 전쟁이 벌어졌다.[10] 전쟁을 일으킨 주체는 대국만이 아니었다. 예컨대 거鄩나라처럼 애처로울 정도로 작은 나라도 향向나라를 합병했다. 그리고 이런 일은 춘추 시대에 시작되었다.[11]

큰 물고기가 입을 열기도 전에 작은 물고기가 새우를 집어삼킨 격이었다.

사실 대국의 합병은 더 헤아릴 수 없을 정도로 많았다. 춘추 시대 첫 반세기 동안 정나라가 대戴나라(지금의 허난 성 민취안民權에 위치)를, 제나라는 담譚나라(지금의 산둥 성 지난濟南 안에 위치)와 수遂나라(지금의 산둥 성 닝양寧陽 서북부에 위치)를 합병했고, 초나라는 식息나라(지금의 허난 성 시息 현)를 합병한 것도 모자라 식부인息夫人(식나라 제후의 부인. 초나라 문왕文王은 그녀의 미색에 반하여 자기 아내로 삼아 자식 둘을 낳게 했다. 그녀는 두 지아비를 섬긴 것을 후회하며 눈물로 여생을 보냈다고 한다)까지 차지했다.[12]

나라와 나라 사이에는 더 이상 세력균형이 존재하지 않았다.

균형이 깨지면서 사회가 혼란스러워지기 시작했다.

혼란스러운 사회에서는 누군가 나서서 강호를 평정해야 한다. 본래 **048**

---

10 젠보짠의 『선진사』를 보면 『좌전』에서 관련 단어가 쓰인 횟수가 '침侵'은 60회, '벌伐'은 212회, '위圍'는 40회, '입入'은 27회라고 한다.
11 이 문단은 젠보짠의 『선진사』와 양보쥔의 『춘추좌전주春秋左傳注』 참고.
12 정나라가 대나라를 합병한 해는 노 은공 10년(기원전 713), 제나라가 담나라를 합병한 해는 노 장공 10년(기원전 684)이었다. 이때부터 『춘추』는 '멸滅'이라는 개념을 사용하기 시작했다.

그것은 주나라 천자의 임무였다. 하지만 애석하게도 그때 천자는 그럴 힘이 없었다. 수갈 전투에서 그는 종이호랑이라는 것이 입증되었다. 그 근본 원인은 주 왕국의 토지와 인구가 점점 감소되어 경제력이 지속적으로 쇠퇴했기 때문이다. 왕실이 재정이 곤란해 제후들의 원조에 의존한다면 어떻게 강할 수 있겠는가? 지존은 이미 지강이 아니었다. 마지막 체면을 지키는 것조차 힘겨웠다.

물론 천자의 체면은 춘추 시대 초기까지는 그런대로 지킬 만했다. 그 체면은 마치 호랑이 가죽처럼 상대를 위협하는 기능을 지녔다. 기원전 714년(노 은공 9)과 그 이듬해에 정 장공은 송나라를 정벌하면서 '송공불왕宋公不王'(송 상공이 천자를 알현하지 않았다)이라는 이유를 댔다. 이를 일컬어 "바르지 못한 자를 왕명으로 벌한다以王命討不庭"고 했으니 당시의 여론은 이를 정당하다고 생각했다.[13] 사실 송 상공은 천자를 안중에 두지 않았으며 정 장공도 진심으로 왕을 존중한 적이 없었다. 당장 6년 전에만 해도 정 장공은 군대를 파견해 천자의 곡식을 탈취했었다.

하지만 아무리 그럴듯한 체면도 결국에는 겉치레일 뿐이다. 실제로 쓸모 있는 것은 역시 힘이므로 진정한 실력자는 대국일 수밖에 없었다. 그래서 대국이 부상하고 소국은 그 앞에 줄을 섰다. 소국에게 필요한 것은 보호자였으며 대국이 원한 것은 주도권이었다. 천하를 호령하는 실질적인 지휘권을 손에 넣어 국제사회의 '보스'가 되는 것, 이

049

---

13 『좌전』의 은공 9년과 10년의 기록 참고.

것이 바로 '패업霸業'이었다. 그리고 패업을 이룬 제후는 '패주', 패주의
도는 '패도'였다. 그런데 패도는 왕도王道가 아니고 패주도 천하의 주인
은 아니어서 반드시 주나라 천자가 옆에서 자리를 빛내줘야 했다. 모
든 패주는 역시 '존왕양이尊王攘夷'(왕실을 높이고 오랑캐를 물리친다는 뜻)의
기치를 들어야 했던 것이다. 하지만 그들이 진정으로 추구하는 것은
자신들의 정치적 이익임을 모르는 사람은 없었다. 왕실의 체면은 '부
끄럼 가리개'에 불과했다.

부끄럼 가리개는 아무리 좋아보여도 권위를 가질 수는 없다. 강호
를 호령할 실력자는 역시 연이어 부상하게 될 초강대국들이었다.

패주가 곧 탄생할 시점이었다.

왕권의 시대가 끝나고 패권의 시대가 시작되었다. 중국의 대지에
또 어떤 드라마가 펼쳐질 것인가.

춘추오패

제나라
재상 관중

관중은 화살을 쏠 때 자기 앞의 남자가 장차 춘추 시대 최초의 패주
가 될 것이라고는 생각지 못했다.

그 남자 자신도 당연히 생각지 못했다.

어쨌든 화살은 옷 고리에 맞았다.[1]

옷 고리에 화살을 맞은 그 남자의 이름은 소백小白, 훗날의 제 환공
이었다. 당시에는 제나라의 공자이자 제 양공襄公의 동생이었다. 제나
라는 노나라, 위나라와 마찬가지로 주나라 시대의 가장 오래된 제후
국으로서 성은 강姜이고 초대 군주는 강태공이었다. 강태공에서 제
양공에 이르러 춘추 시대에 접어들었다. 양공은 어처구니없는 인물이
었다. 자신의 친누이와 일찍부터 성관계를 맺었다. 나중에 그녀는 노
나라로 시집을 갔는데 역사에서는 문강文姜이라 불리며 남편은 노 환
공이었다. 그런데 15년 뒤, 환공이 문강을 데리고 제나라를 방문했

052

1 『사기』 「제세가齊世家」 참고.
2 문강이 노나라로 시집온 해는 노 환공 3년(기원전 709)이었다. 당시 그녀의 아버지였던 제 희공이
배웅을 하다가 환讙(노나라의 지명. 지금의 산둥 성 닝양에 위치했던 것으로 추정됨)까지 이른 것을
보면 그리 마음이 안 놓였던 것 같다. 사실 그는 이전에 이 딸을 정나라로 시집보내려 했지만 거절당
했다. 나중에 노 환공이 문강을 데리고 제나라를 방문한 해는 기원전 694년이었다. 그 사이에 양공
과 문강 남매는 15년이나 못 만난 셈이니 재회 후 마른 장작에 불을 붙인 것처럼 자제가 안 된 것도

을 때 그 남매는 또 다시 동침했다.[2] 더 이상 참을 수 없었던 환공은 문강을 크게 꾸짖었으며 그녀는 이 일을 자신의 오빠이자 연인인 제 양공에게 고자질했다. 양공은 윤리도덕과 국제관계를 완전히 무시한 채 이 일을 처리했다. 자객을 보내 매부이자 우방의 군주인 환공을 암살한 뒤, 그 자객도 제거해 일을 종결지었다.[3]

이 사건이 어처구니없는 일이었다는 것은 말할 필요도 없다. 제나라가 얼마나 포악했고 노나라는 또 얼마나 난감했을지도 역시 말할 필요가 없다. 실제로 환공이 피살된 뒤, 노나라는 제나라에 범인을 잡아 응징해달라고 했을 뿐, 감히 제 양공의 책임을 추궁하지는 못했다. 오히려 노 환공이라는 장애물이 없어져서 제 양공과 문강의 패륜은 한층 노골화되었다. 사서에는 그들의 밀회가 여섯 번이나 기록되어 있다. 심지어 환공의 시신이 아직 식지 않았고 장공이 그의 뒤를 이어 즉위한 지도 얼마 되지 않았는데 문강은 제나라로 부랴부랴 돌아가 그 '애인 오빠'와 사랑을 나누었다. 노나라의 체면 따위는 전혀 생각지 않았다.[4] 이를 통해 당시의 제나라가 이미 상당히 강력했음을 알 수 있다. 노나라는 억지로 화를 삼키고 있었을 뿐, 아무 주장도 하지 못했다.

제나라는 본래 황하 하류 지역을 제패한 국가였다. 그러나 진정으로 초강대국이 되게 한 공로는 관중에게 돌려야 한다.

관중은 춘추 시대 최고의 대정치가였다.

당연하다.
3 『좌전』 환공 18년 참고.
4 노 환공 사후, 문강과 제 양공의 사통은 『춘추』에 다음과 같이 기록돼 있다. "노 장공 원년 3월, 부인이 제나라로 도망쳤다" "2년 12월, 제후齊侯(제 양공)과 작禚에서 만났다" "4년 2월, 제후와 축구祝丘에서 즐겼다" "5년 여름, 제나라 도읍에 갔다" "7년 봄, 제후와 방防에서 만났다" "7년 겨울, 제후와 곡穀에서 만났다." 제 양공이 피살된 후, 문강은 노 장공 15년에도 제나라에 간 적이 있다.

나중에 제나라의 재상이 된 관중은 본래 제 양공의 동생인 자규子
糾의 사부였다. 자규의 사부로는 소홀召忽이 또 있었으며 소백의 사부
는 포숙아鮑叔牙였다. 자규와 소백은 형제였고 관중과 포숙아는 친구
였다. 포숙아는 일찍이 양공의 일처리가 비상식적이어서 나라에 내
란이 일어날 것을 예감하고 미리 소백을 거나라로 피신시켰다. 자규
는 내란이 일어난 뒤에야 노나라로 도망쳤다. 노 장공 8년(기원전 686)
11월 7일, 제 양공은 사촌동생 공손무지公孫無知에게 살해당했다. 그
이듬해에는 군위君位를 찬탈했던 공손무지까지 살해당해 제나라는
권력의 진공 상태를 맞았다. 이에 포숙아는 소백을, 소홀과 관중은
자규를 수행해 제나라로 돌아와 군위 쟁탈전을 벌였다. 관중의 그 화
살은 바로 그와 소백이 좁은 길에서 만났을 때 발사되었다.

　군위 쟁탈전의 결과로 자규는 실패하여 피살되었으며 소홀은 주인
을 따라 자살했다. 모두 정치투쟁의 희생물이 된 것이다. 승리자인
소백이 곧 즉위함으로써 제나라는 환공 시대로 들어섰다.
　제 환공은 매부인 노 환공과는 달랐다. 노 환공은 무능했지만[5] 제
환공은 비범했다. 관중이 자신에게 화살을 쏜 일을 개의치 않았을
뿐만 아니라 그에게 중책을 맡겼다. 관중도 그의 기대를 저버리지 않
고 정치, 경제, 군사, 외교 4개 부문에서 개혁을 단행해 제나라를 대
국으로 부상시킴으로써 일거에 환공의 패업을 실현했다.

그것이 제 환공과 사통하기 위해서였는지는 확실치 않다. 그런데 이 해는 제 환공이 패주가 된 해였
다. 그 후 문강은 또 장공 19년과 20년 사이에 거나라를 두 번 방문했다. 왜 갔었는지는 역시 확
실하다. 그녀는 1년 뒤인 노 장공 21년에 사망했다.
5　노 환공은 노 혜공의 적자이자 노 은공의 동생이었다. 기원전 712년, 노나라 대부 우보는 은공을
죽이고 환공을 군주로 세웠다. 환공은 재위 18년 간 별다른 정치적 업적도, 과오도 없었다. 그의 무
능함은 당연히 노나라의 무능으로 이어졌다.

제 양공과 제 환공 관련 인물관계도

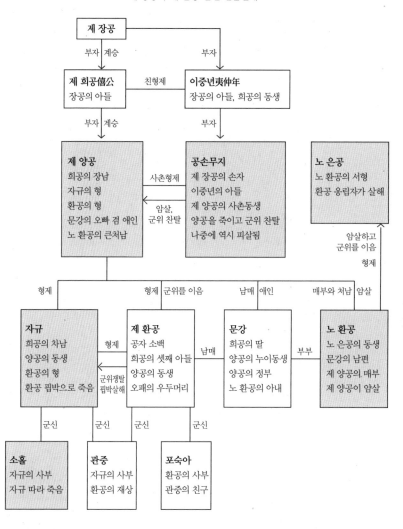

이 그림에 제시된 인물들의 관계와 운명을 이해하면 군주가 군주답지 못하고, 신하가 신하답지 못하고, 형이 형답지 못하고, 아내가 아내답지 못했던 당시 상황과 함께 몇 명이 비명횡사했는지(회색 부분) 알 수 있다.

그러면 패업을 이룬 관중의 비결은 무엇이었을까?

군정일체軍政一體의 제도였다.

관중의 정치 책략은 먼저 나라를 안정시키고 그 다음에 패권을 노리는 것이었다. 나라를 다스리는 방책은 먼저 사士, 농農, 공工, 상商을 나누고 그 다음에 도읍과 교외를 나누는 것이었다. 그런데 사, 농, 공, 상은 모두 엄격히 직업과 신분에 맞춰 거주해야 했다. 절대로 섞여 살 수 없었으며 이주와 직업의 변경도 불허했다. 이것은 아마도 중국 최초의 그리고 가장 혹독하고도 억지스러운 호적제도일 것이다.

교외에 사는 농민 30가구를 하나의 읍邑으로 삼고 각 읍마다 유사有司를, 10읍을 하나의 졸卒로 삼고 각 졸마다 졸수卒帥를, 10졸을 하나의 향鄕으로 삼고 각 향마다 향수鄕帥를 설치했다. 그리고 3향을 하나의 현縣으로 삼고 각 현마다 현수縣帥를 설치했으며 마지막으로 10현을 하나의 속屬으로 삼고 각 속마다 대부 한 명과 속정屬正 한 명을 두었다.

속의 하급 단위는 현, 현의 하급 단위는 향, 향의 하급 단위는 졸, 졸의 하급 단위는 읍이었다. 읍은 가장 기층에 있는 정권이었다. 읍은 유사가 관리하고 졸사를 상대로 책임졌으며 졸은 졸수가 관리하고 향수를 상대로 책임졌으며 향은 향수가 관리하고 현수를 상대로 책임졌으며 현은 현수가 관리하고 속대부를 상대로 책임졌다. 마지막으로 속은 속대부가 관리하고 속정이 감독하여 직접 군주를 상대로 책임졌다. 전국에는 5속이 있고 5명의 속정과 5명의 속대부는 군주가 책임을 묻는 대상이었다. 결론적으로 속이 현을 관리하고 현은 향을 관리하며 향이 졸을 관리하고 졸은 읍을 관리하는, 중앙집권적이면서 단계별로 책임을 묻는 피라미드식 관리체계가 수립되었다.

도읍은 21개의 향으로 나뉘었다. 그 중 6개 향은 공인工人(장인)과 상인이 거주해 각각 '공향工鄕'과 '상향商鄕'이라 불렸고 나머지 15개 향은 사인士人이 거주해 '사향士鄕'이라 불렸다. 사향은 5가구가 1궤軌, 10궤가 1리里, 4리가 1연連, 10연이 1향을 이루었다. 이 15개 사향은 군주와 두 상경上卿(국자國子와 고자高子)이 각기 5개 향씩 관리했다. 그들이 책임을 묻는 대상은 향대부鄕大夫였는데 향마다 1명씩 모두 15명이 존재했다.

군주와 국자, 고자가 관리하는 15개 향은 모두 사인들의 향이었으므로 가구마다 한 명씩 전사가 돼야 했다. 병역은 춘추 시대 사인들의 의무이면서 권리이고 심지어 특권이기도 했다. 그래서 사향의 행정 조직은 군사 편제로 전환하기에 매우 용이했다. 5가구가 1궤이고 5명의 전사가 나오는데 이것이 바로 오伍이고 오장은 곧 궤장이었다. 또한 10궤가 1리이고 50명의 전사가 나오는데 이것은 바로 소융小戎이고 융장은 곧 이유사里有司였다. 4리는 1연이고 200명의 전사가 나오는데 이것은 바로 졸卒이고 졸장은 곧 연장이었다. 10연은 1향이고 2000명의 전사가 나오는데 이것이 바로 여旅이고 여장은 곧 향대부였

관중이 설계한 제나라의 행정관리 체계

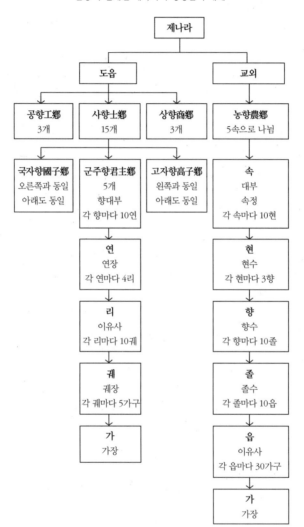

관중이 설계한 군정일체의 제도

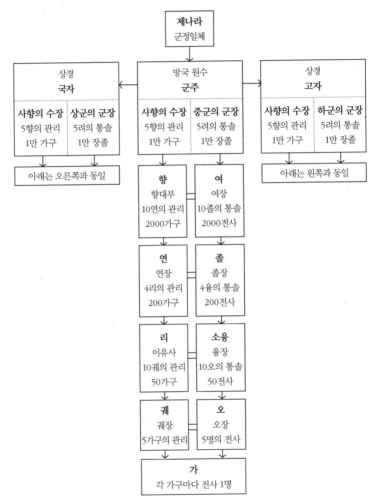

이 그림을 통해 군국일체와 군정일체에 대해 더 깊고 직관적인 이해를 얻을 수 있다. 중앙집권의 사상은 여기에서 비롯되었다.

다. 그리고 5개 향에서 나오는 1만 명의 전사는 군軍, 15개 향에서 나오는 3만 명의 전사는 삼군三軍이었다. 삼군의 군장은 바로 군주, 국자, 고자였다. 군주는 중군中軍을, 국자는 상군上軍을, 고자는 하군下軍을 이끌었다. 군주와 두 상경은 15개 사향의 최고 행정 장관인 동시에 그 15개 사향에서 나온 삼군 장졸들의 최고 사령관이었다.

이것은 내정과 군무軍務를 겸임하게 하는, 관중의 가장 중요한 정책이었다. 이 군정일체의 제도에 따르면 졸이나 오 등급의 소부대는 거주 지역 내에서 훈련할 수 있었고 군이나 여 등급의 대부대는 교외에서 집결할 수 있었다. 더구나 관중은 또 사인들이 일단 거주 범위를 확정하면 그곳을 떠나지 못하도록 규정했다. 그들은 이웃 간에 서로를 지키고 좋은 일과 나쁜 일을 함께해야 했다. 관중은 그럼으로써 그들이 더욱 결속하여 전쟁터에서 일사분란하게 움직일 수 있을 뿐만 아니라 공동의 적에 대해 한층 더 전의를 불태울 것이라고 생각했다. 그래서 그는 언젠가 자못 의기양양해 하며 환공에게 말했다.

"군주께서 이 3만의 정예병으로 천하를 횡행하신다면 감히 누가 막을 수 있겠습니까?"[6]

확실히 그것은 일종의 민병 제도로서 군국주의이자 영락없는 패도였다. 더욱이 백성들의 자유로운 이주와 직업의 선택을 불허했으니 인권 침해가 틀림없었다. 하지만 환공이 패업을 이루기로 한 이상, 패도는 피할 수 없는 길이었다. 인도주의나 왕도는 한쪽에 처박아두어

야 했다. 어떻게 경제를 발전시키고 전비를 확충하며 외교를 펼칠지
는 다 기술적인 문제에 불과했다.

6 이상의 관중의 치국의 방책은 『국어』「제어齊語」참고.

존왕과
양이

기술적인 문제를 해결하는 방법이라면 관중은 얼마든지 마련할 수 있었다.

확실히 관중은 관리의 천재이자 치국治國의 고수였다. 그의 방안들은 대부분 통일적이면서도 종합적이었다. 예컨대 봄, 가을의 사냥도 물자를 보충하는 동시에 군대를 훈련시키는 일거양득의 목적으로 시행했다.

형법의 개혁도 마찬가지였다. 병기 부족을 해결하기 위해 관중은 병기 납부로 죄를 면해주는 조항을 제정했다. 구체적으로 살펴보면 중죄重罪는 무소 가죽으로 만든 투구와 갑옷, 창 한 자루, 경죄輕罪는 보통 소의 가죽으로 만든 투구와 갑옷, 창 한 자루, 그리고 소죄小罪는 벌금을 내면 면해주었으며 소송 비용은 화살 한 묶음이었다.[7] 이 것은 실로 나라와 백성 양쪽에 다 이득이었다. 과거에 중죄는 사형을 062

7 「국어」「제어」 참고.

처했으며 경죄는 팔다리를 잘랐고 소죄는 채찍으로 때렸다. 이제는 병기를 사거나 만들기만 하면 죄를 면해주었으니 백성들은 당연히 기뻐했다. 나라도 병기를 보충하고 군비를 아낄 수 있었으니 역시 기쁜 일이었다. 더구나 가능한 한 사형과 형벌을 줄임으로써 관용과 왕도의 명예까지 널리 얻었으니 명예와 실리를 다 취한 셈이었다.

경제 개혁의 요점은 역시 부국강병에 있었다. 가장 중요한 조치는 국가 주도의 경제였다. 예를 들어 세제를 개혁하고 관세를 면제하여 경제발전을 촉진하는 한편, 소금과 철의 관리를 강화하고 전매제도를 실시해 국고 수입을 늘렸다. 통일된 화폐를 주조해 시장과 물가를 거시적으로 조절하고 광산, 숲, 호수, 바다에 대한 국가의 독점을 선포하기도 했다. 하지만 국영 염전이나 국영 철공소를 세우자고 주장하지는 않았다. 그의 정책은 국가 소유, 민간 경영이었다. 생산과 판매는 민간의 몫이고 국가의 권력과 기능은 자원 독점, 가격 통제, 나아가 가격 통제를 위한 생산량의 통제였다.[8]

오직 한 업종에만 '국영기업'이 있었다. 그것은 유흥업이었다. 어떤 학자는 관중이 '국영 기루'의 창시자였다고 생각한다. 제나라의 기루는 '여려女閭'라고 불렸으며 7개 영업점으로 나누어지고 각 영업점마다 기녀가 100명씩 있었다. 이곳이 문을 연 시점은 고대 그리스의 솔론이 유곽을 세운 것보다 50년 앞섰다. 그런데 솔론의 목적은 주로 섹스의 수요를 해결하고 성 범죄를 줄이기 위해서였지만 관중의 목적은

---

8 우샤오보吳曉波의 『도도한 2천년浩蕩二千年』 참고.

아마도 국고 수입을 늘리고 천하의 인재를 끌어들이는 동시에 심지어 각국의 사절을 대접하기 위해서였다. 어쨌든 이 일이 알려지자 제후들은 앞 다퉈 흉내를 냈다. 연나라 태자 단丹이 형가荊軻에게 진왕秦王 암살을 맡기려고 스스로 '마담 언니'가 되어 그에게 미녀들을 붙여준 것도 아마 한 예일 것이다.9

물론 국제관계를 기녀에게 의지하여 처리할 수는 없다. 관중의 정책은 "은혜와 추대를 바꾸고, 땅과 평화를 바꾸는" 것이었다. 구체적으로 말하자면 과거에 제나라가 침탈한 영토를 각국에 돌려주었으며 자주 외빈을 초대하고 선물을 주었다. 이런 정책의 결과로 "이웃 나라들과 크게 친해졌다四隣大親"고 한다.10

관중은 경제적, 군사적, 외교적 조건이 성숙하면 제나라가 꼭 출병해야 한다고 생각했다. 권력과 명망은 총부리에서 나오는 법이다. 강호의 보스로서 국제 경찰 노릇을 하려면 반드시 출병해서 몇몇 말썽꾸러기들을 손봐야 했다. 손봐야 할 대상은 당연히 처음에는 약소국이었다. 그 나라들이 약소국이면서 말을 듣지 않으면 더 좋았다. 그러나 공개적인 명분은 "천하의 음란한 자를 가려 먼저 토벌한다擇天下之甚淫亂者而先征之"11는 것이었다. 중원을 제패하는 것은 어쨌든 마구잡이식의 패싸움이어서는 곤란했다.

출병에는 반드시 명분이 필요했다. 패업을 이루려면 무엇보다도 패도 나름의 정치적 강령이 중요했다.

9 환공이 기루를 세운 일은 『전국책』 「동주책東周策」과 류다린劉達臨의 『중국 고대 성문화』 참고.
10 『국어』 「제어」 참고.
11 『국어』 「제어」 참고.

그렇다면 출병을 위해 관중이 내건 기치는 무엇이었을까?

존왕양이였다.

사실 존왕과 양이는 본래 같은 일이었다. 왕실이 존귀하지 못한 것은 대체로 이민족이 너무 강하기 때문이었다. 제일 처음 용맹을 떨친 이민족은 견융이었다. 상나라 시대에 그들은 귀방鬼方이라고 불렸다. 서주가 멸망한 것은 견융이 수도 호경을 함락시키고 유왕을 추적해 여산驪山 아래에서 죽였기 때문이다. 다시 낙양에 도읍을 정한 평왕은 잃어버린 땅을 되찾을 길이 없어 서쪽 변방의 대부를 그 땅에 봉했다. 그 대부는 주어진 사명을 욕되게 하지 않고 그 땅의 서쪽 절반을 되찾아 진秦나라를 세웠다. 그리고 그 자신은 진나라의 초대 군주 진양공襄公이 되었다.

이 사건은 중원 각국에게 상당히 큰 자극을 주었다. 그 나라들은 대부분 하, 상, 주 이후에 자신들을 하夏나 제하諸夏로 칭했고 혹은 화華, 화하華夏로 칭하기도 했다. 화는 곧 빛이고 아름다움이다. 하는 크고 우아하다는 뜻이다. 따라서 화하는 문명을 의미했다. 반대로 이민족인 이적夷狄은 야만을 의미했다. 문명인은 야만인과 어울리는 것을 부끄러워하고 결코 그들보다 못하다고 인정하는 법이 없다. 양이는 화하 제국의 일치된 바람이었다.

더구나 동주 시대로 접어든 뒤, 이민족은 더 빈번히 침입하여 중원 각국을 괴롭혔다. 이때 침입해온 민족은 주로 적狄이었다. 통계에 따르면 기원전 662년부터 기원전 595년까지 적의 침입을 받은 횟수가 제나라는 일곱 차례, 위나라는 여섯 차례, 진晉나라는 다섯 차례, 노나라는 두 차례, 형邢나라, 송나라, 온溫나라, 정나라, 주나라는 각기 한 차례였다. 그 중에서 가장 피해가 심했던 위나라는 두 번이나 도읍을 옮겨야 했다. 형나라도 도읍을 한 번 옮겼다. 주나라도 크게 다르지 않아서 도읍인 성주가 함락되어 천자가 도망을 쳐야 했다. 나중에 위나라와 형나라는 제 환공의 도움을 받아 가까스로 망국을 면했다. 주 양왕襄王도 진 문공의 도움으로 겨우 나라를 수복했다. 패주의 역할은 이런 이야기에서 극명하게 드러난다.[12]

실제로 제 환공과 진 문공, 이 두 패주가 세상에서 가장 인정받은 치적은 '양이'였다. 예를 들어 공자의 두 제자인 자로子路와 자공子貢이 공자에게 똑같은 질문을 한 적이 있었다.

"제 환공은 노나라를 핍박해 자규를 죽였고 자규의 사부 소홀은 주인을 따라 자살했습니다. 그런데 똑같이 사부였던 관중은 죽지 않았을 뿐만 아니라 입장을 바꿔 환공을 보좌했으니 불인不仁한 사람이 아닙니까?"

그런데 공자는 딱 잘라 부정했다.

"당연히 인仁하다. 관중이 없었으면 우리는 모두 머리를 풀고 옷깃을 왼편으로 하여 야만인으로 변했을 것이다."[13]

공자의 말은 옳았다. 제 환공과 진 문공이 없었다면 중국 민족의   **066**

12 장인린張蔭麟의 『중국사강中國史綱』 참고.
13 『논어』 「헌문憲問」 참고.

역사는 틀림없이 다시 씌어졌을 것이다. 다시 씌어진 그 역사가 꼭 나쁘지는 않았을지라도.

결국 양이는 당시에 중원 각국이 정치적, 문화적으로 필요로 하던 것이었다. 따라서 패주의 부상은 시대의 조류에 부응했다. 진秦 목공穆公조차 '춘추오패春秋五霸'의 후보 중 한 사람이 될 수 있었던 까닭은 그가 견융을 완전히 정복했기 때문이다.

양이를 실천하려면 존왕이 필수적이었다. 주나라 천자의 기치를 높이 들어야만 중원 각국의 내적 단결이 가능했고, 내적으로 단결해야만 외부의 적에 대항할 수 있었다. 그래서 중원 각국은 서로 꿍꿍이속을 감추고 견제하는 와중에도 감히 존왕에 반대하지는 못했다. 제 환공이 패주가 된 규구葵丘 회맹에서도, 이어서 진 문공이 패주가 된 천토踐土 회맹에서도 이 두 패주는 다 천자에게 극진히 예를 다했다. 결국 패권 시대의 주왕은 비록 힘은 없었어도 표면적으로는 기세등등하고 사방에 위풍을 떨쳤다.

그것은 정말 극적인 일이었다.

하지만 더 극적인 일은 역시 어느 남쪽 이민족의 나라가 조용히 부상해 중원 쟁패의 대열에 끼어든 것이었다.

그 나라는 바로 초나라였다.

만이의
나라

초나라인은 이민족이었나?

그랬던 것 같다.

당시 초나라인은 '만이蠻夷'라고 불렸다. 만이는 중국과 상대되는 명 칭이었다. 중국은 중앙의 나라 혹은 중원의 나라였다. 『이중톈 중국 사3-창시자』에서 이야기한 대로 당시 사람들은 하늘은 둥글고 땅은 네모나다는 세계관을 갖고 있었다. 반구형의 하늘이 정사각형의 땅 을 덮고 있는데 이것을 '보천지하普天之下', 약칭해서 '천하'라고 불렀다. 그리고 정사각형의 상하좌우에는 '사해四海'라는 동서남북, 네 개의 바 다가 있었다. 인류가 사는 땅은 네 개의 바다 안쪽에 있어서 '사해지 내四海之內', 약칭해서 '해내海內'라고 불렸다. 이른바 '중국'은 해내 또는 천하의 한가운데에 있는 나라였다. 중국에 위치한 나라들은 제하 또 는 화하였으며 그 바깥의 동서남북에 위치한 '비非화하 민족'은 세분

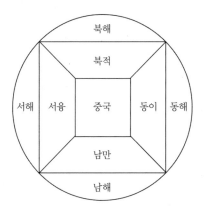

하늘은 둥글고 땅은 네모나다. 원 안쪽은 천하, 네모 안쪽은 해내,
네모 가운데는 중국이라 불렀다.

해서 동쪽은 이夷, 남쪽은 만蠻, 서쪽은 융戎, 북쪽은 적狄이라고 했
다. 이 네 민족을 뭉뚱그려 이夷나 만이蠻夷나 이적夷狄이라 부르기도
했다. 그래서 이른바 '양이攘夷'는 동이, 남만, 서융, 북적을 포괄했다.

　화하와 만이·이적의 차이는 주로 생활방식에 있었다. 『예기禮記』「왕
제王制」에 따르면 동이와 남만은 음식을 안 익히고 날것으로 먹었다고
한다. 그리고 서융과 북적은 곡식을 안 먹고 육류만 먹었다고 한다.
복식을 보면 동이는 산발을 하고 몸에 문신을 새겼으며 남만은 이마

069

에 문신을 하고 맨발로 다녔다. 그리고 서융도 산발을 했고 비단이나 삼베로 지은 옷 대신 짐승 가죽을 걸쳤으며 북적은 깃털 옷을 입고 동굴에서 생활했다. 사실 오吳나라와 월越나라 사람들도 머리를 짧게 깎고 옷을 입는 대신 몸에 문신을 새겼다고 한다.[14]

확실히 화하와 이민족의 차이는 문화적인 것이었다. 그러나 당시 '중국인'의 눈에 그것은 개화와 비非개화, 문명과 야만으로 비쳤다.

그것은 아주 일리가 없지는 않았다.

사실 화식火食, 농경, 양잠업, 방직업 등은 다 생산력의 진보를 의미한다. 불로는 음식을 익히고, 농경으로는 곡식을 섭취하고, 양잠으로는 비단을 얻고, 방직으로는 옷을 만든다. 따라서 날것을 먹고, 곡식을 먹지 못하고, 옷을 입지 않고, 짐승 가죽을 걸치고, 집을 지을 줄 모르는 것은 낙후함의 표현이다. 그리고 문신은 원시시대의 풍습이다. 이른바 "산발과 문신을 하여 비늘 동물을 흉내 냈다被髮文身, 以象鱗蟲"[15]라는 말은 그 민족들이 생식숭배나 토템숭배 단계에 머물러 아직 문명의 문턱을 넘지 못했음을 설명해준다.

어쩌면 문명은 야만을 탄압하기 위해 야만을 대표하는 상징이 필요했다. 중국 민족에게 그 상징은 머리칼을 묶는 것이었다. 머리칼에 대한 속박은 곧 자신에 대한 속박을, 나아가 도덕의 속박을 의미한다. 그래서 단발과 산발은 다 비문명적이고 심지어 비도덕적이었다. 문신과 나체도 마찬가지였다. 문신을 드러내려 하면 옷을 입을 수 없

---

14 『좌전』 애공 7년 참고.
15 『회남자』 「원도훈原道訓」 참고.

고 알몸 상태로 있으면 체면이나 체통은 따질 수조차 없기 때문이다.

따라서 만이는 당연히 미개한 야만인이었다.

자연히 일종의 문화적인 우월감이 중국 민족의 마음속에 저절로 생겨났다. 바로 그 문화적인 우월감이 중원 각국으로 하여금 초나라를 비롯한 주변 민족들을 깔보게 만들었다.

초나라인의 유래는 지금으로서는 밝히기 어렵다. "초의 선조는 고양씨 전욱에게서 비롯되었다楚之先祖出自帝顓頊高陽"라는 『사기』의 주장은 신빙성이 없다. 사마천 자신도 그들이 "누구는 중원에 살고 누구는 만이의 지역에 살아 그들의 가계를 기록할 수 없다或在中國, 或在蠻夷, 弗能紀其世"고 했다. 비교적 믿을 만한 것은 초나라인의 옛 군주 웅역熊繹이 군대를 거느리고 무왕武王의 주왕紂王 토벌 전쟁에 참여해 그 상으로 '초만楚蠻' 지역에 봉해지고 '초자楚子'라는 칭호를 얻은 것이다. '자子'는 '자작子爵'을 의미한다기보다는 '만이의 군주'라는 뜻일 가능성이 크다. 실제로 『춘추』를 봐도 만이나 이적의 추장 또는 군주는 일률적으로 '자'라고 불렸다.

이런 사실로부터 초나라인이 비록 서주 초기부터 중국과 관계를 갖기는 했지만 '제하'로 간주되지는 않았음을 알 수 있다. 초나라인 자신도 만이임을 자처했다. 초나라 군주 웅거熊渠와 웅통熊通은 아예 공개적으로 "나는 만이다我蠻夷也"라고 말했다. 그들이 이렇게 말한 의도는 스스로 왕이라 일컫기 위해서였다. 중원 각국의 군주들은 공이나 후에 그칠 수밖에 없었다. 왕이라 일컬을 수 있는 사람은 오직 주나라 천자밖에 없었다. 그래서 웅거는 "나는 만이이므로 중원의 국호와 시호를 쓰지 않겠다我蠻夷也, 不與中國之號諡"라고 말했다. 이 말의 뜻은 매우 분명하다. "우리 초나라인은 만이인데 왜 당신들 중국의 규칙을 따라야 하는가?"라는 것이다. 웅통은 더욱 노골적이었다. 아예 스스로 무왕이라 칭함으로써 공공연히 자신을 주나라인의 시조와 같은 위치에 놓았다. 주나라 천자는 아예 안중에도 없었던 것이다.[16]

이렇게 보면 초나라는 존왕양이의 으뜸가는 공격 대상이었어야 마땅하다. 하지만 우스꽝스럽게도 그들 역시 중원의 패권 다툼의 중요한 일원이었다.

어떻게 이런 일이 있을 수 있었을까?

이른바 '춘추오패'에 관해서는 역대로 여러 가지 설이 있었다. 그러나 어느 설에서도 제 환공과 진 문공과 초 장왕莊王은 빠진 적이 없다. 초나라가 춘추 시대의 패권국이었던 사실은 의심할 여지가 없는 것이다. 실제로 춘추 시대가 시작되었을 때 중원 각국은 이미 초나라의 위협을 느꼈다. 이 때문에 정나라와 채나라는 등鄧(지금의 허난 성 뤄허漯河의 일부 지역이었던 것으로 추정됨)에서 맹회를 열었다. 당시의 정나라 군주는 장공이었다. 강력했던 정 장공조차 그렇게 초나라를 두려워했으니 다른 중원 각국이 어땠을지는 더 말할 나위도 없다.[17]

정 장공의 두려움은 일리가 있었다. 당시의 초나라 군주는 바로 무

---

16 『사기』「초세가楚世家」 참고.
17 이것은 노 환공 2년의 일이며 『좌전』에서는 "처음으로 초나라를 두려워했다始懼楚也"라고 적고 있다.

왕이라 자칭한 웅통이었다. 당시 초나라는 무섭게 발전하는 중이었다. 그들은 일찌감치 한수漢水 유역과 장강長江(양쯔 강) 중류 지역을 손에 넣고 주변의 소국들과 만족蠻族 부락들을 먹잇감으로 여겼으며 비옥한 중원을 노리며 침을 흘린 지 이미 오래였다. 무왕의 치세에 한수 연안의 희씨 성을 가진 나라들은 죄다 초나라에 병합되었다. 이어서 그의 아들 문왕은 즉위 후 영성郢城(지금의 후베이 성 징저우)을 도읍으로 정하고 연이어 신나라(성은 강姜이며 지금의 허난 성 난양에 위치), 등鄧나라(성은 만曼이며 지금의 후베이 성 샹양襄陽에 위치), 식나라(성은 희이며 지금의 허난 성 시息 현에 위치)를 멸하고 채나라(성은 희이며 지금의 허난 성 상차이에 위치)까지 정복해 정나라의 대문 앞까지 세력을 확대했다.

초나라는 정나라도 가만 두지 않았다. 정나라는 중원의 중추이자 관문이었기 때문이다. 그래서 문왕부터 성왕成王까지 초나라는 다섯 차례나 정나라를 정벌해 그들이 스스로 우호 관계를 요청하게 만들었다. 마지막 정벌을 당했을 때 정 문공은 거의 벼랑 끝에 몰려 초나라에 항복할 생각까지 품었다. 과거에 정 장공이 채나라와 동맹을 맺은 것은 초나라를 상대하기 위해서였다. 그런데 이때는 채나라가 초나라의 앞잡이가 돼버렸으니 정나라가 또 누구에게 의지할 수 있었을까?

바로 제 환공이었다.

싸우지 않고
패주가 되다

정나라가 초나라의 공격을 받은 지 두세 달 뒤, 제 환공이 출격했다.

초 성왕이 정나라를 정벌한 것은 노 희공僖公 3년(기원전 657) 겨울이었다. 이듬해 정월 제 환공은 노, 송, 진陳, 위, 정, 허許, 조曹와 8국 연합군을 조직해 위세 좋게 쳐들어갔다. 그리고 초나라에 투항한 채나라부터 먼저 손을 보았다. 불쌍한 채나라는 본래 소국이었으므로 당연히 한주먹거리도 되지 않았다. 채나라를 격파한 연합군은 승기를 타고 계속 전진해 초나라를 공격할 태세를 갖췄다.

초 성왕은 이 소식을 듣자마자 사신을 보내 교섭하게 했다.

이때 성왕이 전하게 한 외교 각서는 매우 유명하다. 그는 이렇게 말했다.

"그대는 북쪽에 있고 과인은 남쪽에 있어 바람난 말과 소의 암수도 서로 오가지 못할 만큼 아무 관계가 없는데 뜻밖에도 내 땅에 건너온 것은 무슨 까닭이오君處北海, 寡人處南海, 唯是風馬牛不相及也, 不虞君之涉吾地, 何故?"

이 말은 예의바르고 완곡하며 우아했지만 속내는 상당히 강경했다. 제나라의 출병에 명분이 없다고 꾸짖는 내용이었다. 이때 제나라 쪽에서는 관중이 환공을 대신하여 답했다.

"우리가 출병한 것은 권한을 받았기 때문이오. 초나라가 바쳐야 할 띠풀이 없어 왕실의 제사에 차질이 생겼으므로 과인이 토벌하러 온 것이오. 아울러 주 소왕昭王이 남쪽으로 순행와서 한수에 이르러 왜 돌아오지 않았는지도 물으려 하오."

관중의 이 대답은 그럴 듯해 보이긴 해도 사실은 그렇지 않았다. 권한을 받았다면 누가 권한을 주었다는 말인가? 관중은 소공 석召公奭 (주 문왕의 동생)이 주었다고 했다. 또한 그 권한을 받은 사람은 강태공이라고 했다. 그들은 주나라 초기의 인물이었다. 그리고 이때는 춘추시대였다. 그 권한은 너무 오래된 것이었다. 더구나 이 당시의 천자에게서는 권한을 받지도 않았다.

초나라를 공격한 두 가지 이유도 근거가 희박했다. 물론 당시의 제후들은 명분상 모두 주나라 천자에게 의무가 있었다. 초나라의 의무는 제사용 술을 거르는 일종의 띠풀을 진상하는 것이었다. 아마도 초나라가 그 띠풀을 오랫동안 진상하지 않았을 가능성이 크다. 그러나 춘추 시대에는 대부분의 제후들이 천자를 무시하여 그런 일이 다반

사였으므로 굳이 초나라만 탓할 일은 아니었다. 그리고 주 소왕은 서주의 4대 천자였다. 그는 일찍이 남쪽을 순행하다 한수에 이르렀을 때 그곳 사람이 그를 혐오해 바친, 물이 새는 배를 타고 강을 건너다 익사하고 말았다. 이미 300년도 더 지난 그 일을 제나라가 지금 왜 걸고 넘어진다는 말인가?

확실히 그 두 가지 이유는 다 핑계였다. 그러나 외교석상에서 대놓고 반박할 수는 없었다. 그래서 초나라 사신은 말하길, "띠풀을 잊고 보내지 않은 것은 저희 군주의 죄이니 앞으로는 감히 그런 일이 없을 겁니다. 그리고 소왕이 왜 돌아가지 못했는지는 청컨대 한수의 물가에 물으소서"라고 했다.

이처럼 의견 일치를 보지 못하여 각자 돌아가 싸울 준비를 갖췄다.

전쟁 준비로 두세 달의 시간이 흘렀다. 드디어 제나라의 연합군이 전진하자 초나라군 사령관이 진영 앞으로 나와 제 환공에게 예의를 표했다. 이에 환공은 양보의 표시로 연합군을 초나라의 북쪽 국경인 형陘에서 소릉召陵으로 물리고 먼저 열병식을 하자고 제의했다.

그래서 두 사람은 같은 수레를 타고 군대를 사열했다.

군대를 물리고 열병을 한 것은 다 과시였다. 환공의 의도는 뚜렷했다. 제나라를 '형님'으로 인정해주기만 하면 사정을 잘 봐주겠다는 것이었다. 그래서 처음부터 그는 큰소리를 쳤다.

"이번에 군사를 일으킨 목적은 양국의 영원한 우호관계를 다지기 위해서요."

초나라 사령관도 몸을 낮춰 맞장구를 쳤다.

"그것은 저희 군주의 바람이기도 합니다."

그러나 환공이 거들먹거리며 "이 군대로 싸우면 누군들 막을 수 있으며, 이 군대로 성을 공격하면 어떤 성인들 점령할 수 없겠는가?"라고 했을 때 초나라 사령관은 한 치도 물러서지 않았다.

"군주께서 덕으로 사람을 복종하게 하면 누군들 복종하지 않겠습니까? 하지만 굳이 무력을 쓰신다면 저는 저희 군주께 우리 초나라는 방성산方城山이 성이고 한수가 해자垓字라고 아뢸 것입니다. 귀하의 군대가 비록 숫자가 많기는 해도 아마 무용을 뽐낼 곳이 없을 겁니다."

이 정도까지 왔으면 각자 또 머리를 굴리는 수밖에 없었다.

제나라는 초나라가 만만치 않은 상대임을 잘 알고 있었다. 억지로 전쟁을 개시하면 잘해봐야 1000명을 죽이고 800명을 잃는 수준일 테고 십중팔구 양쪽 다 치명상을 입을 게 뻔했다. 초나라 역시 패권을 노리는 제나라와는 싸워도 크게 가망이 없으므로 적당히 고개를 숙이는 편이 낫다고 생각했다. 결국 두 나라는 맹약을 맺고 각자 군대를 거두었다.

맹약의 내용은 사서에 실리지 않아 검토할 수 없다. 하지만 초나라는 이미 천자에게 진상하지 않은 죄를 인정하고 향후에는 그런 일이 없을 것이라고 했다. 이것은 어쨌든 주나라 천자에 대한 의무를 인정한 것이니 존왕의 목적이 달성되었다. 아울러 초나라는 잠시 정나라 공략을 멈추고 중원 침탈의 속도를 늦췄으니 양이의 목적도 달성된 셈이었다.[18]

환공의 패업의 기틀은 이 사건 즉 소릉 회맹으로 다져졌다. 5년 뒤, 제 환공은 규구(지금의 허난 성 란카오蘭考에 위치)에서 송, 노, 위, 정, 허, 조 6국과 동맹을 맺었으며 주 양왕이 사람을 보내 경축해주었다. 역사에서 말하는 이 '규구 회맹'은 제나라 패업의 상징이다.[19]

확실히 앞의 소릉 회맹이 없었다면 훗날의 규구 회맹도 없었을 것이다. 그래서 전자는 줄곧 환공의 자랑스러운 업적이자 중원 제패의 훌륭한 사례로 간주되어왔다. 116년 후, 초 영왕靈王은 진晉나라의 동의를 얻어 제후 대회를 열어서 패업을 이루려 했다. 이때 그는 여전히 소릉 회맹을 모범으로 삼아야 한다고 주장했다.[20]

그러나 이 모범도 꼼꼼히 따져보면 아쉬운 점이 없지 않다.

가장 주의해야 할 것은 그 회맹에 진秦과 진晉이 참가하지 않았다는 사실이다. 이 두 초강대국이 빠짐으로써 패주의 지위와 맹약의 가치가 크게 떨어져버렸다. 솔직히 말해 제 환공은 반쪽짜리 패주에 불과했다. 그리고 그가 패업을 달성하기까지 무척 많은 우연이 작용했다. 사마천이 말한 대로 당시에 왕실은 쇠약했고 진晉나라는 내란에 시달렸으며 진秦 목공은 거리를 두고자 했고 초 성왕도 양보를 해주

18 『좌전』 희공 4년 참고.
19 『좌전』 희공 9년 참고.
20 『좌전』 소공 4년 참고.

었다.[21] 따라서 제 환공은 "싸우지 않고 패주가 되었다." 진정한 패주는 훗날의 진晉과 초 두 나라였다. 그들의 활약이야말로 춘추 시대 역사의 주된 선율이었다. 그 사이에 있었던 송 양공襄公의 패권 도전과 진 목공의 서융 정복은 작은 에피소드에 불과했다.

그러면 진과 초의 쟁패를 살펴보자.

21 『사기』 「제세가」 참고.

진정한 패주
진 문공

진나라의 패업을 연 사람은 문공이다.[22]

　제 환공이 "싸우지 않고 패주가 되었다"고 한다면 진 문공은 "한 번의 싸움으로 패주가 되었다."[23] 그 싸움은 성복대전城濮大戰이었다. 이것은 당연히 춘추 시대의 첫 번째 전쟁은 아니었지만 첫 번째 '대전大戰'이었다. 그런데 이 전쟁의 시작과 결과는 본래의 계획과는 거리가 멀었던 것 같다.

　전쟁의 원인은 송나라에 있었다.

　송나라도 패주가 되려 한 적이 있었다. 성복대전이 일어나기 11년 전, 제 환공이 죽고 그의 다섯 아들이 군위 쟁탈전을 벌이는 바람에 제나라와 중원 각국은 동시에 중심을 잃고 말았다. 이때 송 양공은 분수도 모르고 혼자 패주 행세를 하다가 결국 맹회에서 초나라군의 포로가 되었으며 나중에는 홍수泓水전투에서 부상을 입고 사망했다.　**080**

22　이 절의 내용은 모두 『좌전』 희공 23~28년의 기록 참고.

23　"한 번의 싸움으로 패주가 되었다—戰而覇"라는 문구는 『좌전』 희공 27년에 나옴.

그는 역사에서 춘추오패의 한 후보였다는 허명만을 남겼다.[24] 이후 송나라도 초나라에 귀순하는 신세가 되었다.

그런데 송 성공成公이 초나라로 가서 성왕을 알현하던 그때, 주 양왕의 동생인 왕자 대帶가 난을 일으키고 이민족 적狄의 군대를 고용해 주나라를 쳤다. 곧 그들에게 왕성이 함락되어 정나라로 피신한 주 양왕은 진晉과 진秦 양국에 구원을 청했다. 이때 진 문공은 즉위한 지 1년 남짓밖에 안 됐는데도 흔쾌히 천하의 흥망을 책임졌다. 황하 연안에 주둔해 있던 진秦나라 군대의 도움을 거절한 채 친히 군대를 거느리고 강을 남하하여 일거에 반란군과 적의 군대를 멸한 뒤, 주 양왕을 왕성으로 돌려보냈다.

이와 같은 존왕, 양이, 그리고 반란의 평정은 패주만이 할 수 있는 일이었으므로 당연히 송나라인의 눈길을 끌었다. 그래서 송나라는 초왕에게 붙은 지 겨우 2, 3년 만에 돌변하여 진나라의 동맹이 되었다. 이에 대로한 초나라는 당연히 그 배반자를 응징하지 않을 수 없었다. 성왕은 즉시 영윤令尹과 사마司馬에게 출병을 지시하고 그 이듬해에 직접 출전하여 진陳, 채, 정, 허, 네 나라 군대와 손잡고 송나라를 포위했다.

송나라는 긴급히 구원을 요청했다.

구원의 서신을 받자마자 진 문공은 자리를 박차고 일어났다. 사실 송나라가 공격을 받은 것은 그들이 초나라를 배반하고 진나라에 협

---

24 『이중톈 중국사 4권-청춘지』에 자세히 기술되어 있음.

력했기 때문이니 도리상 가만 있을 수는 없었다. 그리고 과거에 문공이 어려움에 처한 공자의 신분으로 국외를 떠돌 때 위 문공도, 조 공공도, 정 문공도 그를 무시했지만 송 양공은 마차 20승乘을 선뜻 내주었으니 그 옛정을 감안해서도 가만 있을 수 없었다.[25]

옛날에 문공을 따라 각지를 유랑했던 문무 노신들도 생각이 같았다. 그들은 심지어 이 일을 통해 세상에 이름을 떨치고 패업을 이뤄야 한다고 생각했다. 은혜에 보답하고 남의 어려움을 도와주는 것만큼 민심을 얻는 데 더 효과적인 수단은 없기 때문이었다. 이때 떠오른 계책은 조나라와 위나라를 정벌하는 것이었다. 조나라는 막 초나라 쪽에 붙었고 위나라는 초나라와 혼인 관계를 맺었다. 이 두 소국이 공격을 당하면 초나라는 '형님'으로서 송나라를 놓아두고 달려올게 분명했다. 하물며 조나라와 위나라는 무례한 나라이니 응징을 당해야 마땅했다.

문공은 이 계책을 받아들인 뒤, 자신의 아버지 진 헌공獻公이 수립한 상, 하 양군을 상, 중, 하 삼군으로 확충했다. 그리하여 노 희공 28년(기원전 632) 봄, 그는 조나라와 위나라를 정벌하러 나섰다. 이에 놀란 위 성공成公은 동맹을 맺기를 간청했지만 진나라는 응하지 않았다. 그래서 초나라에 도움을 청하러 가려고도 했지만 이 방법은 본국에서 동의하지 않았다. 결국 위나라인들은 스스로 이 군주를 축출해 진나라의 환심을 샀다. 조 공공共公의 신세는 더 비참했다. 도읍에 침 **082**

---

25 옛날 사람들은 네 마리 말이 끄는 수레를 1승乘이라 했으니 20승은 곧 마차 20대와 말 80마리를 뜻한다.

입한 진나라군에게 산 채로 사로잡혔다. 노 희공도 혼비백산하여 위나라를 지키라고 파견했던 대부를 죽여 진나라의 비위를 맞췄다.

그러나 초나라군은 송나라에서 철수하지 않았다.

송나라는 재차 도움을 요청했다.

진 문공은 시기를 살피면서 방법을 강구해 제나라와 진秦나라를 전쟁에 끌어들였다. 이에 초 성왕도 시기를 살피다가 철수하기로 결심했다. 그는 영윤 자옥子玉을 불러 말했다.

"진후晉侯(진 문공)는 외국을 19년 간 떠돌며 온갖 고생을 다 하고 온갖 일을 다 구경한 인물일세. 하늘은 그에게 목숨을 주고 진나라까지 주었지. 하늘이 내려준 것을 어떻게 빼앗겠는가? 그만하세! 송나라를 떠나고 진나라군도 쫓지 말게."

애석하게도 자옥은 강경하고 무례한 자였다. 그는 거듭 싸우기를 청하며 어떻게든 진나라와 자웅을 겨루고자 했다.

그런데 이때 진나라군이 느닷없이 뒤로 물러났다.

그 조치는 이유가 있었고 이치에도 합당했다. 진 문공 중이重耳가 외국을 떠돌 때 송 양공에게 은혜를 입었을 뿐만 아니라 초 성왕에게도 환대를 받은 적이 있었기 때문이다. 당시 성왕은 중이에게 이렇게 물었다.

"공자께서 고국에 돌아가 군주가 된다면 무엇으로 내게 보답하겠소?"

중이는 말했다.

"노복과 희첩과 보물은 귀하에게도 얼마든지 있습니다. 비취, 모우牦牛(야크), 상아, 무소 가죽도 귀국에서 얼마든지 생산되지요. 제가 보답할 수 있는 것은 아마도 훗날 양국의 군대가 만났을 때 사흘 간 90리를 물러나드리는 겁니다. 그런데도 귀하께서 저를 용서해주지 않으신다면 어쩔 수 없이 왼손에는 말채찍과 활을, 오른손에는 화살통을 들고 상대해드리겠습니다."

이 약속을 진 문공은 지금에 와서 지킨 것이다.

말에 신용이 있으면 떳떳하고 대인일수록 양보할 줄 아는 법이다. 이렇게 진나라는 싸우기도 전에 우위를 점했다. 그러나 자옥은 이런 이치를 몰랐다. 사람들의 반대를 무시하고 곧장 성복城濮(위나라의 영토. 지금의 산둥 성 쥐안청鄄城에 위치)까지 쫓아가 진晉, 제, 진秦, 송의 연합군과 대치했다.

4월 2일, 성복대전이 발발했다. 전투 시간은 딱 하루였고 결과는 초나라군의 참패였다. 이 소식을 듣고 초 성왕은 자옥에게 편지를 보내 말했다.

"자네는 돌아와서 고국의 백성들에게 뭐라고 변명을 하겠는가?"

자옥은 자살을 택했다.

대승을 거둔 진 문공은 정나라의 영토인 천토踐土(지금의 허난 성 위안양原陽과 우즈武陟 현 사이)에 가서 제, 송, 노, 채, 정, 위, 진陳 7국과 회맹 **084**

을 가졌으니 역사에서는 이를 '천토 회맹'이라고 한다. 과거를 돌아보면 제 환공이 패주가 된 규구 회맹에 주 양왕은 사람을 보내 제사용 고기를 하사하는 데 그쳤다. 그러나 천토 회맹 때는 주 양왕이 직접 참석했을 뿐만 아니라 진 문공을 '후백侯伯' 즉 제후의 수장으로 책봉했다. 이 일은 문헌에도 기록되어 있고 관련 문화재도 남아 있다.[26]

제후들에게 둘러싸인 가운데 진 문공은 진정한 패주의 자리에 올랐다.

그런데 역사는 여기에 한 가지 복선을 남겨두었다. 그것은 진秦나라가 회맹에 불참한 것이었다.[27] 이미 서술한 대로 진나라는 성복대전의 동맹군이었다. 그런데 왜 한 달 뒤의 규토 회맹에는 참가하지 않은 것일까?[28] 설마 진 목공도 패주가 되려 한 것일까? 그래서 조만간 진晉과 진秦, 양국이 반목하게 될 운명이었을까?

바로 그랬다.

26 이 일은 『좌전』 희공 28년과 출토된 문화재 자범종子犯鍾에 나온다. 이 문화재는, 일부는 타이베이 고궁박물관이, 일부는 타이베이의 수집가 천홍룽陳鴻榮 선생이 소장하고 있다.
27 『춘추』 희공 28년의 천토 회맹에 관한 기록을 보면 진秦나라가 빠져 있으며 『좌전』 정공 4년의 천토 회맹의 맹약서에 관한 기록에도 진나라는 없다.
28 성복대전은 노 희공 28년 4월 2일에 일어났고 천토 회맹은 같은 해 5월 16일에 개최되었다.

준 패주
진 목공

진 목공도 춘추오패의 후보였다.

왜 후보라고 하는 것일까? 이른바 '오패'에 대해서는 역대로 다양한 견해가 있어왔기 때문이다. 『순자荀子』「왕패王覇」에서는 제 환공, 진 문공, 초 성왕, 오왕吳王 합려闔閭, 월왕越王 구천句踐이라 했고, 『풍속통風俗通』「오백五伯」에서는 제 환공, 진 문공, 진 목공, 송 양공, 초 장왕이라고 했다.

애석하게도 이 두 견해는 다 사실과 다르다.

사실 '오패'는 본래 형식적인 숫자였다. 굳이 오패를 맞춘 이유는 과거에 '삼왕三王'(하나라 우왕禹王, 상나라 탕왕湯王, 주 문왕)이 있었기 때문이다. 삼왕이 있었으니 오패가 있어야 했다. 이런 식으로 옛날이 지금보다 나았음을 표시했다. '삼왕오패'는 또한 삼황오제三皇五帝의 표절이기도 했다. 삼황, 오제, 삼왕, 오패, 이런 식으로 3과 5가 짝을 이루면서 꽤 멋있어 보이지만 실제로는 논란이 많았다. 예를 들어 송 양공은 명예에 금이 가고 부상까지 당해 죽은 인물인데 어떻게 패주일 수 있겠는가? 오왕 합려와 월왕 구천도 춘추 시대 말기에 활약한데다 지방에 치우쳐 있었기 때문에 제 환공과 진 문공과는 비교도 되지 않았다.

그러나 진 목공은 논의의 여지가 있다.

진 목공에 관해서는 『이중톈 중국사4─청춘지』에서 여러 번 언급한 바 있다. 바로 그와 제 환공이 진 문공 중이의 동생인 공자 이오夷吾를 진晉나라로 보내 군주가 되게 했다. 그때는 규구 회맹이 개최된 해와 같은 해였다. 따라서 당시의 패주가 제 환공이기는 했지만 진 목공도 '부副패주' 정도의 위치였음을 알 수 있다. 그 후, 진 혜공 이오가 죽었을 때는 제 환공도 이미 세상을 떠난 뒤였으므로 공자 중이를 진나라 군주로 세운 사람은 진 목공 한 사람뿐이었다.

그러므로 진 목공은 진 문공의 가장 큰 은인이었다. 이 때문에 진 문공은 평생토록 진 목공과 부딪치는 것을 피했다. 노 희공 29년에 두 진나라가 연합해 정나라를 토벌할 당시, 진 목공이 일방적으로 협약을 깨고 정나라를 도와줬을 때도 그랬다.

그러나 진 문공 이후에는 상황이 완전히 달라졌다.[29]

노 희공 32년(기원전 628), 진 문공이 세상을 떠났다. 진 목공은 진晉나라인들이 국상을 돌보느라 여념이 없는 틈을 타, 백리맹명시百里孟明

---

29 아래에 서술된 내용은 『좌전』 희공 32년부터 문공 6년의 기록 참고.

視(백리는 성이고 맹명은 자字이며 시는 이름이다), 서걸술西乞術, 백을병白乙丙 이세 장군을 시켜 정나라 동정東征을 준비하게 했다. 그러나 이 계획은 정나라 상인 현고弦高 때문에 어그러졌다. 현고는 주나라에 장사하러 가는 길에 진나라군과 마주쳤다. 한눈에 그들의 속셈을 간파한 그는 정나라 사신으로 가장해 진나라 군영을 방문하여 군사들을 위문하는 한편, 본국에 사람을 보내 정 목공穆公에게 이 소식을 알렸다. 정 목공은 즉시 영빈관에 있던 진秦나라의 세 대부에게 말을 전하게 했다. 정나라를 지켜준다는 구실로 오래전부터 파견나와 있던 그들은 진나라의 첩자나 다름없었다. 정 목공의 전갈은 이랬다.

"여러분은 폐국弊國에 머무른 지 오래되었으니 숲에서 사슴이나 몇 마리 잡아 돌아가시는 게 어떻겠소?"

맹명시는 정나라가 이미 눈치 채고 대비한 것을 알고 어쩔 수 없이 계획을 바꿔 활滑나라(성이 희이며 지금의 허난 성 옌스偃師의 일부)를 멸한 뒤 고국으로 회군했다.

이 일은 진晉나라인의 원망을 야기했다. 그들은 진秦나라가 자신들의 국상을 애도하기는커녕 자신들과 동성同姓인 나라(진나라와 정나라는 똑같이 성이 희였다)를 정벌하려 한 것에 분노하여 회군 중인 진나라군을 매복 공격하기로 결정했다. 군위를 이은 진 양공은 하얀 상복을 검은 군복 색깔로 물들이고 친히 전장에 나섰다. 그래서 진나라군을 무찌르고 맹명시와 서걸술과 백을병을 포로로 잡은 뒤에야 귀국하 **088**

여 문공을 안장했다. 이때부터 진나라의 상복은 검은색이 되었다고
한다.

세 명의 장군은 사형을 당할 가능성이 컸다.

그들의 목숨을 구한 것은 문영文嬴이었다. 문영은 진秦나라의 공주
이자 문공의 부인, 그리고 양공의 정실 모친이었다. 이런 지엄한 신분
의 그녀가 진 양공에게 당부했다.

"저 세 작자가 두 진나라의 관계를 이간질하여 지금 진秦나라의 군
주께서는 저들의 고기를 씹어 먹고 저들의 가죽을 깔고 자기를 간절
히 바라십니다. 부디 그 분의 소망을 살펴주십시오."

그래서 진 양공은 그 세 장군을 돌려보냈다.

일은 완전히 문영의 예상대로 돌아갔다. 진 목공은 패주의 도량을
발휘했다. 패전의 굴욕을 상징하는 흉복凶服을 입고 도읍 밖에 나가
맹명시 등을 맞이하며 울면서 말했다.

"자네들을 고생시켰네! 이번 일은 모두 과인의 잘못이니 자네들은
아무 죄도 없네."

그래서 그들은 본래의 직위를 유지했다.

이때 문영이 목공과 연락을 주고받았음을 알려주는 증거는 없다.
하지만 진晉나라의 대부조차 결과가 이렇게 되리라 예측했다. 진 양공
도 나중에 후회하고 병사들을 보내 그들을 쫓게 했다. 그러나 병사들
이 황하 물가에 도착했을 때, 세 장군은 이미 강 한가운데에 있었다.

맹명시가 배 위에서 공손히 예를 표하며 말했다.

"폐국 군주께서 귀국 군주의 너그러우신 조치를 받들어 소신들을 죽이지만 않으신다면 3년 뒤, 다시 와서 이 큰 은혜에 감사드리겠습니다."

애석하게도 2년 뒤에 일어난 두 진나라의 팽아彭衙 전투에서도 맹명시는 여지없이 패배했다. 이를 두고 진晉나라인은 이렇게 비웃었다.

"장군은 3년 뒤에 와서 우리 군주의 은혜에 감사한다더니 실로 신용이 있군요. 그러면 이제부터 귀군을 '감사의 군대'라고 부르겠습니다!"

이런 큰 치욕을 당했는데도 진 목공은 낙담하지 않았으며 맹명시도 계속 중용되었다. 진나라는 군주와 신하들이 합심하여 군비를 확충하고 전쟁에 대비해 마침내 1년 뒤, 설욕하게 된다. 노 문공 3년(기원전 624), 진秦나라군은 진晉나라 원정에 나섰다. 이때는 목공이 직접 원정군에 참여했다. 황하를 건넜을 때, 그는 모든 배를 불태우라고 명하여 필사의 각오를 드러냈다. 진晉나라의 군신君臣은 진秦나라군의 이런 험악한 기세를 알고 아예 성에 틀어박혀 나올 생각을 하지 않았다. 그래서 진나라군은 무인지경으로 진나라 땅을 휩쓸고 영토를 탈취하고는 전사한 장졸들의 제사를 지낸 뒤, 본국으로 돌아갔다. 또한 이듬해에는 더욱 분발하여 서융을 정복했다. 사마천의 말을 빌리면 그때의 진 목공은 "12개 나라를 병합해 천리의 땅을 개척하니 마침내 서융지역을 제패했다益國十二, 開地千里, 遂覇西戎."[30]

그렇다면 진 목공은 오패의 명단에 들어갈 수 있을까?

그럴 수도 있고 아닐 수도 있다. 능력과 수준을 논하면 그는 송 양공보다 아래가 아니었다. 공덕과 영향력에서도 당연히 합려와 구천보다 위였다. 하지만 그는 송 양공처럼 치명적인 잘못을 저질렀다. 송 양공의 잘못은 산 사람을 죽여 제사의 희생물로 삼은 것이었다. 그리고 진 목공의 잘못은 역시 산 사람을 순장품으로 삼은 것이었다. 노문공 6년(기원전 621)에 진 목공이 사망했을 때, 그의 무덤에 순장된 사람은 무려 177명이었다. 그 중에는 진나라의 가장 우수한 인재 세 명도 포함되었다. 그래서 당시의 논자들은 진 목공이 패주가 되지 못한 것은 매우 당연한 일이었다고 평했다.[31]

그렇다면 그는 '준準 패주'였던 셈이다.

패주보다는 못하고 보통 제후보다는 나았는데 양자 사이에서 그래도 패주에 더 가까웠다.

목공은 효공孝公 이전에 진나라에서 가장 중요한 군주였다. 목공 이후 춘추 시대가 끝날 때까지 진나라는 국제무대에서 그리 큰 활약을 하지는 못했다. 이 점은 제 환공 이후의 제나라와 크게 다르지 않았다. 그들이 다시 활약하기까지는 조금 더 시간이 필요했다. 이제 무대의 중심은 다른 두 초강대국이 차지했다.

091　그 두 나라는 바로 진晉과 초였다.

월왕 구천은 자신이 차고 있던 검을 선물하며 뻔뻔하게 문종에게 말했다.
"선생은 과인에게 오나라를 치는 전술 일곱 가지를 가르쳐주었지만
과인은 세 가지만으로 오나라를 멸했소.
아직 네 가지가 남았으니 선생 자신에게 써보는 게 어떻겠소?"

남방의 부상

구두조

진 목공이 죽기 5년 전에 초 성왕도 죽었다.

그는 죽어서도 눈을 못 감았다.

성왕은 초나라의 세 번째 왕이었다. 그 전에는 그의 할아버지 무왕과 아버지 문왕이 있었다. 초나라의 기틀은 바로 이 세 왕에 의해 다져졌다. 성왕 본인은 재위 46년 간 제 환공과 진 문공의 패업과, 송 양공과 진 목공이 패업을 이루고자 안간힘을 쓰는 것을 목도했다. 그리고 소릉 회맹에서 제 환공과 대등한 교섭을 한 것도 그였고 성복대전에서 진 문공과 자웅을 겨룬 것도 그였으며 송 양공을 납치하고 이듬해에 송나라군을 격파한 것도 그였다. 춘추 시대 전기의 패권 다툼 곳곳에는 그의 흔적과 그림자가 있었다.

그러나 일세를 풍미한 영웅 초 성왕도 자기가 친아들의 손에 죽을 줄은 몰랐을 것이다.

그 아들의 이름은 상신商臣이었다.

상신은 본래 태자였다. 그런데 성왕은 다른 수많은 유능하거나 무능한 군주들과 마찬가지로 여자를 밝혔다. 처첩이 구름처럼 많거나 한 여자에게 과도하게 빠지면 적자를 폐하고 서자를 세우거나 장자를 폐하고 어린 아들을 세우는 일이 생기기 쉽다. 하물며 초나라에는 본래 젊고 힘센 공자를 군주로 세우는 전통이 존재했다. 이것은 그들이 줄곧 호전적이고 중원 각국과 맞서온 것과 관계가 있었다. 늙고 쇠약한 군주는 이 거칠고 무력을 숭배하는 나라를 이끌기 어려웠다.

그래서 노 문공 원년(기원전 626), 초 성왕은 상신을 폐하고 새로 첩의 자식을 태자로 세우기로 했다. 이 소식을 전해들은 상신은 당장 자신의 사부 반숭潘崇에게 가르침을 청했다.

반숭이 상신에게 물었다.

"자리를 양보하실 수 있습니까?"

"그럴 수 없소."

"다른 나라로 망명하실 수는 있습니까?"

"그럴 수 없소."

"그러면 대사를 도모하실 수 있습니까?"

"그러겠소."

이것은 오로지 만이만 할 수 있는 말이었다. 궁정 쿠데타로 정권을 탈취하는 것은 중원 각국의 공자들도 저지를 수 있는 일이었지만 이렇게 노골적으로 말하지는 못했다. 초나라인만 전혀 거리낌이 없었다. 그들의 몸속에는 만이의 피가 흘러서 군신, 부자 관계 따위는 안중에 없었으며 대역죄를 그렇게 엄청난 죄로 생각하지도 않았다. 그해 10월, 마음을 굳힌 상신은 군대를 동원해 왕궁을 포위하고 초 성왕에게 자살을 강요했다. 성왕은 시간을 끌려고 곰 발바닥 요리를 먹고 나서 죽겠다고 했지만 단칼에 거절당했다. 할 수 없이 그는 스스로 목을 매어 죽었다. 그런데 죽은 뒤에도 그는 부릅뜬 눈을 감지 않았다. 불초한 자식들이 자신에게 어떤 시호를 붙여줄지 몰랐기 때문이다.

시호는 군주의 마지막 체면이므로 죽으면서도 집착을 할 만했다.

이 일은 장례 전에 논의되었다. 가장 먼저 정해진 것은 '영靈'이었다. 그러나 이것은 '악시惡諡', 즉 불길한 시호였다. 예를 들어 훗날의 진 영공, 정 영공, 진 영공은 모두 부도덕한 군주였으며 제 명에 죽지 못했다. 그래서 이 시호를 듣고 성왕은 역시 눈을 감지 않았다. 상신 등이 할 수 없이 시호를 '성成'으로 바꾼 뒤에야 성왕은 비로소 만족한 듯 스르르 눈을 감았다.

상신은 즉위하여 목왕穆王이 되었다.[1]

목왕은 아버지를 시해한 난신적자이기는 했지만 선조가 마련해놓은 토대를 한층 확장했다. 재위 12년 간 강江(지금의 허난 성 시息 현에 위치), 육六(지금의 안후이 성 루안六安에 위치), 요蓼(지금의 허난 성 구스固始에 위치)　096

1 『좌전』 문공 원년 참고.

를 멸하고 정나라와 균蓼나라를 정벌했으며 진陳나라를 습격하고 소巢
나라를 포위해[2] 꽤 돋보이는 실적을 거뒀다. 그래서 그는 죽으면서 탄
탄한 패업의 기초를 아들에게 물려주었다.

그의 아들은 바로 그 유명한 초 장왕이었다.

초 장왕은 호색한이었다.

장왕이 즉위 초기에 왜 그랬는지는 알아낼 방법이 없다. 다만 3년
동안 이 군주가 나랏일을 외면하고 오로지 향락에 몰두했다는 사실
만 알려져 있다. 이를 보다 못한 대부 오거伍舉가 입궁하여 간언을 올
렸지만 장왕은 왼손으로는 정나라 미녀를, 오른손으로는 월나라 미
녀를 안은 채 악대에 둘러싸여 시시덕거리기만 했다.

그것은 당시 오거가 말한 대로 한 마리 새가 높은 산 위에서 3년
간 날지도, 울지도 않은 격이었다.

그 새는 어떤 새였을까?

머리가 아홉 개 달린 괴조, 즉 구두조九頭鳥였다.

장왕은 그 새가 "3년을 날지 않았어도 날면 하늘로 솟구치고, 3년
을 울지 않았어도 울면 사람들을 놀라게 한다"고 말했다. 그렇게 오
랫동안 고요히 힘을 쌓았다가 한꺼번에 폭발시키는 새라면 구두조라
고 할 만했다.[3]

사실 장왕은 초나라인이 정신은 "거칠고" 마음은 "주나라의 문화
를 따르지 않으며" 전통은 "나는 만이다"라는 식으로 독자적임을 잘

097

---

2 초 목왕이 강을 멸한 해는 노 문공 4년(기원전 623), 육과 묘를 멸한 해는 문공 5년(기원전 622),
그리고 정나라를 정벌하고 진나라를 습격한 해는 문공 5년(기원전 618), 소나라를 포위한 해는 문
공 12년(기원전 615)이었다.
3 『사기』 「초세가」 참고.

알고 있었다. 그런데 초나라 군주의 사명은 영토를 개척하고 중원 각국과 맞서면서 중원 진출을 도모하는 것이었다. 그것은 힘든 역정이어서 필생의 정력을 다 바쳐야 했다. 아마도 그는 거사를 벌이기 전에 우선 질탕하게 즐기며 마음을 가다듬을 생각이었던 것 같다.

마음을 가다듬은 장왕은 과연 사람들을 놀라게 했다. 첫해에 그는 진秦나라, 파巴나라와 손잡고 용庸(지금의 후베이 성 주산竹山에 위치)을 멸했다. 3년 뒤에는 또 정나라와 연합해 진陳나라와 송나라를 쳤으며 나중에는 다시 정나라에 명하여 초나라를 배신하고 진晉나라에 투항한 송나라를 공격하게 했다. 이를 통해 당시 정나라가 이미 초나라의 부하처럼 돼버린 것을 알 수 있으며 최대의 적수인 진晉나라는 이때 영공의 피살로 나라가 어지러워 다른 일을 돌아볼 여유가 없었다. 그래서 장왕은 승승장구하여 주 왕실의 코앞까지 군대를 진출시키고 천자의 직할지 안에서 군사 훈련을 하겠다고 선언했다.

이처럼 초 장왕의 위세가 천하를 뒤흔들었다.

당시의 천자는 주 양왕처럼 제 환공과 진 문공 같은 패주의 든든한 호위를 기대할 수 없었다. 겉보기는 강해도 속은 물렀던 주 정왕定王은 허세를 포기하고 왕손 만滿을 보내 초나라군을 위로했다. 의기양양해진 초 장왕은 뚱딴지같이 만에게 구정九鼎의 크기와 무게를 물었다. 하나라 우왕이 주조한 것으로 알려진 구정은 천하 각지에서 가져온 청동으로 만들어졌으며 각 부락과 부락국가에 대한 하나라의 패권을 상징했다. 나중에 이 보물은 하의 걸왕이 덕을 잃어 상나라로 넘어갔고, 또 은의 주왕이 덕을 잃어 주나라로 넘어갔다. 구정이 있는 곳은 곧 천하 권력의 중심이었다. 그런데 초 장왕은 대체 무슨 의도로 구정에 관해 물은 것일까?

만은 왕실의 존엄을 지켜야 한다고 결심하고 엄숙한 어조로 말했다.

"관건은 덕에 있지 구정에 있지 않소. 지금 주나라의 덕이 쇠하긴 했지만 천명은 바뀌지 않았소. 구정의 크기와 무게는 묻지 않는 편이 좋겠소."

이 말을 듣고 초 장왕은 아무 말도 하지 않았다. 그리고 군대를 거둬 본국으로 돌아갔다.[4]

사실 장왕은, "핵심은 덕에 있지 구정에 있지 않다"라는 말이 한낱 잡설에 불과하다는 것을 모르지 않았다. 권력의 획득과 패업의 완성은 구정도, 덕도 아닌 힘에 달려 있었다. 다만 지금 그는 마음은 있으되 힘이 모자랐다. 일단 강한 병사와 말을 키워 백전백승한다면 패업은 시간문제일 뿐이었다.

---

4 『좌전』 선공 3년 참고.

피에 물든
패업

초 장왕은 패주가 되기까지 상당한 고초를 겪었다.

제 환공은 "싸우지 않고 패주가 되었고" 진 문공은 "한 번의 싸움으로 패주가 되었으며" 송 양공은 "싸우고도 패주가 되지 못했고" 진 목공은 "싸워서 준準 패주가 되었다." 그런데 초 장왕은 거듭된 악전고투 끝에 패주가 되었다. 그 중에서 가장 혹독하고 비장했던 싸움은 장왕의 패업을 이뤄준 송나라 포위전이었다.

이 전쟁의 화근은 사실 초 장왕에게 있었다. 언젠가 장왕이 동시에 진晉나라와 제나라로 사신을 보낸 것이 원인이 되었다. 사신이 진나라에 가려면 정나라를, 제나라에 가려면 송나라를 지나쳐야 했다. 그런데 장왕은 두 사신에게 정과 송, 두 나라에 길을 빌리지 말라고 분부했다. 그것은 막무가내의 처사였다. 설사 주 천자의 사신이 아주 작은 나라를 지나더라도 반드시 길을 빌려 그 나라의 영토와 주권을 존중하는 것이 옳았다. 초 장왕이 자신의 사신에게 길을 빌리지 말라고 명한 것은 전혀 도리에 맞지 않았다.

당시 장왕이 무슨 생각으로 그런 지시를 내렸는지는 알 수 없다. 다만 그때 정나라는 일찌감치 초나라의 공격에 길들여져 화가 나도 울분을 삼키며 참을 가능성이 컸다. 하지만 송나라는 달랐다. 그들은 2년 전, 진晉나라, 위나라, 조나라와 동맹을 맺었다. 그 동맹의 조약은 누가 괴롭힘을 당했을 때 함께 구원해주기로 하고 그것을 '휼병恤病'이라 했고 또 누가 동맹을 배신했을 때는 역시 함께 응징하기로 하고 그것을 '토이討貳'라고 했다. 이 조약을 송나라는 충실히 지켰지만 알고 보면 오직 송나라만 이 조약을 충실히 지켰다. 어쨌든 성실하고 고지식한 송나라인은 초나라의 그런 행동을 용납할 리 없었다. 더구나 송나라를 지나갈 사신 신주는 과거에 송나라에 실례를 저지른 적이 있는 인물이었다.

그래서 신주는 거듭 어려움을 호소했다.

"정나라는 똑똑하지만 송나라는 어리석어서 정나라를 지나가는 사신은 별탈이 없겠지만 소신은 죽은 목숨입니다!"

그러나 장왕은 말했다.

"감히 그런 짓을? 그들이 자네를 죽이면 나는 그들을 멸할 것이네!"

초 장왕은 송나라를 아주 얕보았다. 한낱 선비도 차라리 죽을지언

정 모욕을 당하고자 하지 않는데 하물며 한 나라는 어떻겠는가? 초나라의 횡포에 대해 송나라의 재상 화원華元은 이렇게 말했다.

"우리나라를 지나면서 길을 빌리지 않는 것은 우리나라를 자신들의 영토로 아는 것이니 그것을 허락하면 나라가 망한 것이나 다름없다. 그리고 초나라인의 심기를 거슬러 전쟁을 자초해도 나라가 망할 것이다. 똑같이 나라가 망한다면 차라리 떳떳하게 죽는 편이 낫다."

결국 신주는 살해당했다.

이 소식을 듣자마자 초 장왕은 소매를 떨치고 바깥으로 뛰어나갔다. 시종들은 정원까지 쫓아가서 겨우 그에게 신발을 신겨주었고, 궁궐 문까지 쫓아가서 칼을 채워주었으며, 이어서 거리까지 쫓아가서 부축해 수레에 태워주었다. 초 장왕은 화가 나 부들부들 떨면서 즉시 군대를 보내 송나라를 포위하라고 명했다. 구두조의 분노 앞에서 송나라는 당해낼 재간이 없어보였다. 이때 노나라는 얼른 초나라를 지지한다는 의사를 밝혔다.

포위된 송나라는 조약에 따라 진나라에 구원을 청했다.

그러나 화원 등의 기대와 다르게 진나라는 몸을 사렸다. 진 경공景公은 송나라를 구해줄 생각이었지만 한 대부가 만류했다. 그 대부는 말했다.

"채찍이 길어도 말의 배에는 닿지 않으니 이 일은 우리가 관여할 수 없습니다. 하늘은 지금 초나라의 편이니 우리가 어찌 겨룰 수 있겠습니까? 강과 호수는 진흙과 오수를 받아들여야 하고 숲과 들판은 독사와 맹수를 숨겨줘야 하며 아름다운 옥에는 꼭 흠집이 있게 마련입니다. 또한 군주는 반드시 굴욕을 견뎌내야 합니다. 이것이 천도天道이니 군주께서는 기다리셔야 합니다!"

그래서 진나라는 군대를 움직이는 대신 해양解揚이라는 사신을 송나라에 보내 조금만 기다리면 구원군을 보내주겠다는 거짓말을 전하게 했다.

불운하게도 해양은 정나라를 지나다가 정나라인에게 붙잡혀 초나라 군영으로 보내졌다. 초나라인은 해양에게 뇌물을 주며 구원군이 안 온다고 송나라에 말하라고 회유했다. 해양은 듣지 않다가 세 번만에 할 수 없이 그러겠다고 했다. 그러나 수레에 설치한 망루 위에 올라서자마자 해양은 "송나라의 형제들이여, 조금만 버티시오! 우리 진나라군이 집결을 마치고 곧 도착할 것이오!"라고 외쳤다.

속임수에 당한 초 장왕은 대로하여 해양을 죽이라고 명한 뒤, 그에게 말했다.

"무슨 생각으로 이랬다 저랬다 한 것이냐? 내가 정이 없다 하지 말고 네가 신용이 없음을 탓해라. 너는 형장으로 갈 것이다!"

해양은 얼굴빛 하나 변하지 않고 말했다.

"군주가 능히 명을 내리는 것을 의義라 하고 신하가 능히 그 명을 완수하는 것을 신信이라 하며 성실하게 도의를 실현하는 것을 이利라

합니다. 의에는 두 가지 신이 없으며 신에는 두 가지 명이 없으니 어찌 동시에 두 가지 다른 명을 완수하겠습니까? 사신이 명을 받아 밖에 나오면 그 명은 곧 생명이니 또 어찌 남에게 매수당하겠습니까? 먼저 귀하의 명에 응한 것은 단지 우리 군주의 말씀을 송나라에 전하기 위해서였습니다. 이것이야말로 신용을 지킨 것입니다!"

이에 감탄한 장왕은 해양을 석방해 본국으로 돌려보냈다.

사실 해양은 굳이 목숨을 걸고 송나라인에게 소식을 전할 필요가 없었다. 노 선공 15년(기원전 594) 5월이 되자 초나라군은 식량이 바닥나 더 버틸 수가 없었다. 장왕은 할 수 없이 철수 명령을 내리려 했다.

이때 신주의 아들이 장왕의 말 앞에 무릎을 꿇었다.

앞에서 말한 대로 신주는 자기가 죽을 줄 알면서도 억지로 송나라에 갔다. 그가 그랬던 것은 한편으로는 신하로서 왕명을 거스를 수 없었기 때문이며 다른 한편으로는 장왕이 그가 죽을 리 없으며 죽으면 복수를 해주겠노라 큰소리를 쳤기 때문이다. 그런데 뜻밖에 신주는 죽었으며 장왕은 허튼 말을 한 셈이 되었다. 이 마당에 또 어떻게 군대를 철수한다고 하겠는가?

초 장왕은 뭐라고 할 말도, 말할 낯도 없었다.

이때 초나라의 한 대부가 좋은 방안을 내놓았다.

"당장 송나라의 들판에 집을 짓고, 수리시설을 만들고, 황무지를 개간해 농사를 짓게 하십시오. 그러면서 송나라인에게 이렇게 전하십 **104**

시오. '나는 반드시 신주의 복수를 할 것이다. 너희가 하루를 버티면 하루를, 1년을 버티면 1년을, 평생을 버티면 평생을 머무를 것이다. 어디 누가 이기는지 해보자!'라고 말입니다."

이 전갈을 받고 송나라는 충격에 빠졌다. 지난해 9월부터 그때까지 송나라의 도성은 이미 8, 9개월이나 포위된 상태였다. 당연히 진즉에 식량이 바닥났다. 백성들이 서로 아이를 바꿔 죽여서 잡아먹고 시체의 뼈를 땔감으로 쓰는 형편이었으니 더 버틸 힘이 남아 있을 리가 없었다.

이때 누가 송나라를 구할 수 있었을까?

오직 그들 자신밖에 없었다. 송나라의 재상 화원이 분연히 나섰다. 한밤중에 초나라 군영에 잠입해 초나라군의 총사령관 자반子反을 잠에서 깨워 말했다.

"우리 군주께서 나를 보내 이야기하라고 하셨소. 폐국은 지금 식량이 떨어져 자식을 바꾸어 먹고 시체의 뼈로 불을 때고 있소. 하지만 그렇더라도 성하지맹城下之盟(적에게 성 밑까지 침공을 당하고 맺는 굴욕적인 강화 조약)은 망국과 다를 바 없으니 받아들일 수 없소이다. 만약 귀군이 30리 뒤로 물러난다면 시키는 대로 하겠소."

이번에는 초나라인이 충격을 받았다. 그들은 곧 30리 밖으로 군대를 철수시키고 송나라와 조약을 맺었으며 서로 속이지 않겠다는 약속을 하고서 화원을 인질로 삼았다. 이로써 노, 송, 정, 진陳이 다 초

나라를 따르게 되어 초나라의 패업이 이루어졌다.[5]

하지만 이것이 무슨 패업이란 말인가!

5 위의 일들은 『좌전』 선공 14년과 15년의 기록 참고.

두 가지
결과

송나라 포위전에서는 두 나라의 태도를 음미할 만하다.

그 두 나라는 바로 진晉나라와 정나라다.

진나라는 이치대로라면 송나라를 구원해야 했다. 진과 송 사이의
맹약 때문만이 아니라 진과 초, 두 나라가 냉전 시대의 미국과 소련처
럼 서로 패권을 놓고 다투던 숙적이었기 때문이다. 실제로 초 장왕이
패권을 잡기 어려웠던 이유는 진나라의 존재 때문이었다. 사실 춘추
시대에 패권을 차지할 만한 조건과 자격과 능력이 있었던 나라는 5개
국이 아니라 4개국, 즉 제나라, 초나라, 진晉나라, 진秦나라였다. 그 중
에서도 진晉나라가 가장 패권과 관련이 깊었다. 문공이 처음 패권을
얻고 양공이 패권을 이은 것부터 여공厲公이 패권을 회복하고 도공悼公
이 패권을 확정하기까지 패권이라는 두 글자는 춘추 시대가 끝날 때
까지 계속 진나라와 함께 했다.

107

진나라는 초나라의 숙적이었다.

그런데 이 말도 바꿔 말하면 진나라가 패권을 유지하기 어려웠던 이유가 초나라의 존재 때문이었다고 할 수 있다. 초나라는 중원에서 패주가 탄생한 날부터 적극적으로 패권 경쟁에 뛰어들었다. 제 환공과 패권을 다툰 것도, 진 문공과 패권을 다툰 것도 그들이었다. 따라서 정으로 보나 이치로 보나, 그리고 의리로 보나 이익으로 보나 진나라는 마땅히 초나라에 대항해 송나라를 구해줘야 했다.

그러면 진나라는 왜 강 건너 불 보듯 했을까?

필지전邲之戰 때문이었다.

필지전은 성복대전 이후 진과 초가 벌인 두 번째 대전이었다. 이 전쟁에 관해서는 『이중텐 중국사 4-청춘지』에서 이미 이야기한 바 있으며 여기에서는 그 배경을 논하고자 한다. 그 배경은 바로 춘추 시대의 패권 경쟁과 전국 시대 합병의 차이다. 전국 시대에는 큰 물고기는 작은 물고기를, 작은 물고기는 새우를 먹었으며 한 나라를 멸하면 자기 나라로 흡수해버렸다. 그런데 춘추 시대에는 팔씨름으로 영역 다툼을 하고 동생이 많은 자가 큰형님이 되는 식이었다. 이때 동생의 생각은 아주 간단해서, 주먹이 센 사람이면 누구든 큰형님이었다. 예를 들어 정나라 대부 자량子良은 이렇게 말했다.

"어쨌거나 진, 초 두 대국은 다 도덕은 아랑곳 않고 무력만을 중요시합니다. 누구든 쳐들어오는 쪽을 따릅시다! 대국도 신용을 안 따지는데 우리가 왜 신용을 지켜야 합니까?"[6]

안타깝게도 이런 기회주의를 택한 중소 국가들은 공격당하는 횟수가 더 늘었다. 왜냐하면 동생의 배신을 내버려두는 큰형님도, 세상 물정 모르고 한 명의 큰형님만 순순히 따르는 동생도 없었기 때문이다. 그래서 따르지 않는다고 맞고, 따르다가 입장을 바꿔서 맞고, 따르고 입장을 안 바꾸면 본의 아니게 다른 사람을 때려야 했다.

그래서 중소 국가가 전쟁에 휘말린 횟수는 대국보다 적지 않았다. 예를 들어 춘추 시대에 정나라의 참전 횟수는 72차례, 송나라의 참전 횟수는 46차례였다. 그 전쟁들은 방어전도 있고, 침략 전쟁도 있고, 패주의 명령에 따른 것도 있고, 이리저리 눈치를 보다 휩쓸린 것도 있었다.

눈치를 본 것은 당연한 일이었다. 누구도 영원히 승리하거나 영원히 큰형님일 수는 없기 때문이었다. 예를 들어 성복대전에는 진나라가 승리했지만 필지전에서는 초나라가 승리했다. 한쪽이 승리한 뒤에는 패배한 다른 쪽의 동생이 알아서, 혹은 강요에 의해 승리자 쪽에 붙곤 했다. 이때 패배한 대국은 당연히 그 괘씸한 동생을 혼내주려 나섰고 동생은 할 수 없이 다시 본래의 큰형님에게로 돌아갔다. 그러면 새로운 큰형님도 가만있을 리가 없었다. 자기도 그 동생을 찾아가 끝장을 보려 했다. 이런 식의 줄다리기는 당연히 한도 끝도 없었다. 결국에는 두 대국이 어쩔 수 없이 다시 맞붙어야 했다.

---

6 이 말은 『좌전』 선공 17년에 나옴.

이것이 바로 진과 초의 '패권 경쟁 모델'이었다. 중소 국가들은 둘 사이에 끼어 두들겨 맞는 신세일 수밖에 없었다.[7]

정나라가 바로 그랬다.

돌아보면 정나라는 춘추 시대 초기에만 해도 당당한 강자였다. 그러나 초 장왕 시대에는 이미 닭보다도 못한 '털 빠진 봉황'이었다. 노 문공 17년(기원전 610), 정나라는 진晉나라를 쫓아 위나라와 진陳나라와 함께 송나라를 정벌했지만 진晉나라는 그들이 초나라와 사통하고 있지 않은지 의심했다. 이에 정나라는 진나라에 편지를 보내 거듭 해명을 했는데 그 어조가 그야말로 구슬프기 짝이 없었다. 그 편지의 마지막을 보면 "'대국들 사이에서 강자의 명령에 따르니居大國之間而從於强令 설마 그것이 우리 죄입니까? 대국이 이해해주시지 않으면 우리 소국들은 정말 갈 곳이 없습니다'라고 씌어 있다.[8]

안타깝게도 대국은 이해해준 적이 없어서 중소 국가들은 자신을 지키기 위해 끊임없이 머리를 굴려야 했다. 2년 뒤(기원전 608), 송나라가 진나라의 공격을 받아 진나라를 따르게 되었다. 이에 송나라와 대대로 원수였던 정나라는 진나라 대신 초나라를 따랐다. 반면에 진陳나라와 채나라는 줄곧 송나라의 영향 아래 있었으므로 역시 진晉나라도 진晉나라를 따랐다. 초 장왕은 곧 진나라와 송나라가 배반한 것을 알고 군대를 일으켜 그 두 나라를 공격했다. 이에 맞서 진晉나라는 두 나라를 구하려고 정나라 정벌에 나섰다. 그래서 초나라는 정나라

110

7 장인린의 『중국사강』 참고.
8 『좌전』 문공 17년 참고.

를 구하기 위해 북림北林(지금의 허난 성 신정에 위치)에서 진나라군과 전투를 벌여 진나라 대부 해양(나중에 석방됨)을 포로로 붙잡았다. 그 이듬해(기원전 607)에는 정나라가 초나라의 명을 받아 송나라를 토벌해 대승을 거두고 송나라의 재상 화원(나중에 도주함)을 생포했다.

이번에는 진나라가 발끈하여 연달아 여러 차례 정나라를 토벌해 항복을 받아냈다. 이렇게 정나라가 진나라와 새로 동맹을 맺자 당연히 또 초나라가 정나라를 응징하러 나섰다. 노 선공 3년(기원전 606)부터 초나라는 항복을 받아낼 때까지 잇따라 정나라를 두들겼다. 그러나 이번에도 정나라는 항복한 지 얼마 안 되어 또 초나라를 배반했다. 초 장왕이 이를 용납할 리 없었다. 그래서 노 선공 12년(기원전 597) 봄, 정나라의 도성을 겹겹이 포위했다.

그 뒤의 이야기는 『이중톈 중국사4-청춘지』의 제6장에서 이야기한 바 있다. 포위된 정나라인들은 점을 친 뒤, 태묘太廟와 성벽 위에서 크게 울었다. 그리고 석 달 뒤, 정나라의 도성은 함락되었다. 정 양공은 웃통을 벗고 양을 끌고 나와 항복 문서를 전달해야 했다. 이때 뒤늦게 정나라를 구원하러 달려온 진나라군은 분을 못 참고 초나라군과 일전을 벌였지만 역시 참패를 면치 못했다. 이 전쟁이 바로 필지전이었다.

필지전이 송나라 포위전의 향방을 결정지었다. 실제로 초 장왕이 송나라를 포위하기 전, 진 경공은 같은 해에 정나라를 토벌한 적이 있었다. 그런데 전투는 하지 않고 군대를 도열시켜 무력시위를 하는데 그쳤다. 이때 진나라인은 자신들이 싸우지 않고 적을 굴복시키려했다고 주장했다. 그러나 사실은 초나라가 두려워 그랬을 것이다. 결국 송나라 포위전에서 진나라가 수수방관한 것을 보고 정나라는 마음 편히 초나라의 부하가 되었다.

필지전은 하나의 전환점이었다. 그 후로 한편으로는 초나라가 패업을 이루었고 진과 초가 계속 패권 다툼을 진행했다. 다른 한편으로는 진나라는 오나라와, 초나라는 월나라와 손을 잡기 시작했다. 진과 초는 적수였으며 오와 월은 대대로 철천지원수였다. 그들의 배후에는 또 제나라와 진秦나라가 있었다. 제나라는 계속 진晉나라를 도왔고 진秦나라는 보통 초나라를 도왔다.[9] 제가 진을 돕고 진이 초를 도운 결과, 두 개의 큰 패권국(진과 초)이 탄생했다. 그리고 진이 오와, 초가 월과 손을 잡은 결과, 두 명의 소小패주가 탄생했다. 그들이 등장하면서 패권 전쟁은 더욱 드라마틱한 양상으로 펼쳐진다. 그리고 중원의 문화가 장강 하류 지역에 전파된다.

그 두 명의 소패주는 바로 오왕 합려와 월왕 구천이었다.

9 판원란의 『중국통사』 참고.

합려의
초나라 토벌

합려가 패주가 된 것은 초 장왕 이후 88년 만이었다.

당연히 초 장왕은 이를 예상치 못했다. 그의 아들 공왕共王도 마찬
가지였다. 예상했다면 장왕은 무신巫臣과 하희가 뜻을 이루게 해주지
않았을 테고(장왕은 초나라로 납치해온 하희의 미색을 탐했지만 작은 것을 탐하
여 대의를 잃지 말라는 무신에게 설득당해 그녀를 양로襄老에게 양보했다. 결국 훗날
무신과 하희가 결합하도록 간접적으로 도운 셈이다) 공왕도 자중子重과 자반子反
이 무신의 가족을 죽이고 무신의 재산을 나눠 갖게 내버려두지는 않
았을 것이다. 결국 앞 권에서 이야기한 것처럼 진晉나라로 도망친 데
다 가족까지 몰살당한 초나라 대부 무신은 복수를 위해 진나라와 오
나라의 동맹을 이끌어냈다. 나아가 직접 전차를 몰고 오나라로 가서
오나라군에게 전차를 이용한 전투와 진법을 가르쳐 초나라와 싸우게
했다.[10]

113

---

[10] 『좌전』 성공 7년 참고.

오나라가 우뚝 일어섰다.

무신이 초나라를 배반하고 오나라를 도운 것이 그렇게 중요한 일이었을까? 그랬다. 사실 오나라는 주 문왕의 두 백부가 세웠다고는 하지만 역시 만이였고 중원 각국과 교류가 없었다.[11] 문화가 매우 낙후하여 국제사회에서 지위를 인정받지도 못했다. 그들은 장강 하류의 하천이 많은 지역의 나라로서 배를 타고 물결을 거슬러 올라가 싸웠으므로 상류에 있는 초나라의 적수가 되지 못했다. 그러나 무신이 사신으로 온 뒤로, 오나라인은 든든한 배경이 생겼을 뿐더러 이제 육군까지 갖춰서 더 이상 초나라에 고개를 숙일 일이 없어졌다. 그들은 배를 버리고 육지에 올라와 회하淮河 남쪽, 장강 북쪽에서 초나라의 후면을 굽어보았다. 이때부터 초나라의 동북부는 편안할 날이 없게 되었다.

오나라가 부상했을 때 초나라에서는 내란이 시작되었다.

초나라의 내란은 기원전 546년의 미병지회弭兵之會 이후 시작되었다. 이 회맹에서 초나라는 경쟁 끝에 삽혈歃血(맹회에 참석한 각 나라의 대표가 소의 피를 조금씩 마시거나 입가에 묻히는 일종의 서약 의식으로 첫 번째로 삽혈을 하는 사람이 맹주로 인정받았다)의 우선권을 얻었지만 이때를 정점으로 하여 차차 기운이 쇠했다. 가장 먼저 강왕康王의 동생인 왕자 위圍가 당시의 초나라 군주 겹오郟敖를 죽이고 스스로 군주가 되었다. 이 사람이 바로 초 영왕靈王이다. 이 군주가 얼마나 방탕하고 전횡을 일삼았

---

11 『좌전』 소공 30년에서는 "오나라는 주나라의 후예이지만 바닷가에 떨어져 있어 주나라와 교류가 없었다吳, 周之冑裔也, 而棄在海濱, 不與姬通"라고 했다.

는지는 앞 권에서 이미 확인한 바 있다. 결국 영왕이 주래州來(지금의 안후이 성 펑타이鳳台)에서 서徐나라를 포위하고 오나라를 위협할 때 국내에 반란이 일어났다. 반란자들은 영왕의 태자를 죽였으며 영왕의 군대는 급히 돌아가는 와중에 뿔뿔이 흩어져 버렸다. 혼자 고립된 영왕은 어쩔 수 없이 스스로 목을 매어 죽었다.

영왕이 죽은 뒤에도 초나라의 내란은 계속되었다. 통치 집단의 골육상쟁의 결과로 공자 기질棄疾이 왕위를 탈취해 이름을 웅거熊居로 고쳤으니 이 사람은 초 평왕平王이었다. 바로 그가 오나라에 강력한 조력자를 보내 적으로 만드는 바람에 초나라는 나중에 비참한 패배를 맛보게 된다.

그 적은 바로 오자서伍子胥였다.

오자서는 이름이 원員이고 자字가 자서였다. 그의 조부는 초 장왕의 패업을 돕고 초 영왕의 즉위를 지지한 오거伍擧였다. 오거의 아들은 오사伍奢였으며 오사의 아들은 오상伍常과 오원(오자서)이었다. 그런데 오사의 운은 오거만큼 좋지 않았다. 오거가 보필한 두 군주를 보면 장왕은 패주였고 영왕은 효웅이었다. 그러나 오사가 섬긴 평왕은 망나니였다. 이 망나니는 우선 간신 비무극費無極의 농간에 넘어가 본래 태자의 신붓감이었던 여자를 차지했고, 그 다음에는 또 그자의 모함만 믿고 태자와, 태자의 사부였던 오사의 가족까지 몰살시키려 했다. 이를 위해 평왕은 오사를 인질로 붙잡고서 오상과 오원만 돌아오면 오사를 살려주겠다고 공언했다.

오상과 오원은 과연 돌아갔을까?

결단을 내리기 어려웠을 것이다. 돌아가지 않으면 부친의 죽음을 외면하는 것이었고 돌아가면 함께 죽을 게 뻔했다. 그것은 바보라도 알 수 있는 사실이었다. 그래서 형 오상은 동생 오원에게 말했다.

"어서 달아나라. 나는 죽으러 가겠다. 아버님이 위급하시니 어쨌든 누군가는 효를 다해야 한다. 그러나 우리 가문이 참변을 당한 뒤, 복수할 사람도 있어야 한다. 너와 나의 능력을 따지면 나는 죽고 너는 복수를 하는 것이 옳다. 아우야, 너는 스스로 잘 알아서 처신하여라. 너와 나는 각기 책임을 다해야 한다."

결국 오상과 오사는 죽음을 당하고 오원은 오나라로 도망쳤다.[12]

그 당시의 오왕은 요僚였다. 그러나 오자서는 그가 자신을 도와줄 능력이 없음을 즉시 간파했다. 차라리 오랫동안 칩거해온 공자 광光이 그를 대신할 만했다. 그래서 오자서는 공자 광을 위해 자객 한 명을 찾아 놓고 자신은 잠시 은거에 들어갔다. 노 소공昭公 27년(기원전 515) 4월, 오자서가 오나라로 도망쳐온 지 7년째 되는 해에 공자 광은 오나라군이 초나라를 정벌하러 간 틈을 타 궁정 쿠데타를 일으켰다. 이때 오왕 요는 연회장에서 오자서에게 고용된 자객의 칼에 찔려 죽었다. 그리하여 공자 광이 스스로 군주가 되었으니 이 사람이 곧 오왕 합려다.[13]

---

12 위의 일들은 『좌전』의 소공 19□년의 기록 참고.

합려는 오자서와 손잡고 초나라를 치기로 했다.

오자서가 합려에게 내놓은 전략은 선 기동전, 후 섬멸전이었다. 오자서는 이렇게 말했다.

"초나라의 정치는 서로 말들이 많고 반목하면서도 다들 책임을 지지 않습니다. 청컨대 군주께서는 군대를 셋으로 나누고 각기 다른 때, 다른 장소에서 습격하게 하십시오. 첫 번째 부대가 출격하면 초나라군은 반드시 병력을 총동원해 나설 겁니다. 그러나 적군이 출동하면 아군은 곧바로 물러납니다. 그러고서 적군도 물러나면 아군의 두 번째 부대가 다른 곳에서 출격하고 적군이 또 총공세에 나서면 다시 물러납니다. 그 뒤에는 세 번째 부대가 또 다른 곳에서 출격할 차례지요. 결국 온갖 방법을 동원해 저들의 힘을 빼고 아군의 의도와 동향에 관해 전혀 갈피를 못 잡게 만듭니다. 이런 식으로 하면 몇 년 가지 않아 초나라군은 원기가 크게 상할 겁니다. 그때 오나라가 삼군을 동시에 출동시킨다면 일거에 성공을 거둘 수 있습니다."

합려는 오자서의 건의를 받아들였으며 초나라군은 과연 오나라군의 작전에 휘말렸다. 노 소공 31년(기원전 511)에 그들은 1년 간 육六(지금의 안후이 성 루안 현), 현弦(지금의 허난 성 시 현) 등지로 오나라군을 쫓아다니며 전력을 소모했다. 오자서의 전략이 성공한 것이다.[14]

이와 동시에 초나라인은 파멸을 자초하고 있었다.

117   합려가 즉위했을 때 초 평왕은 이미 사망한 상태였다. 왕위를 이

---

13 『좌전』 소공 27년 참고.
14 오자서의 전략에 관해서는 『좌전』 소공 30년을, 합려의 초나라 정벌은 『좌전』 소공 31년 참고.

은 소왕은 아직 어린애여서 나라를 다스리기 힘들었다. 당연히 신하의 옳은 충고도 귀담아 들을 줄 몰랐다.[15] 그리고 초나라의 재상 자상子常은 탐욕스럽기 짝이 없는 위인이었다. 채 소후蔡昭侯가 초나라에 알현하러 왔을 때, 자상은 그에게 옥패玉佩(허리띠에 장식으로 다는 구슬)를 요구했다. 채 소후가 이를 거절하자 자상은 그를 붙잡아 3년 간 연금했다. 당唐 성공成公이 알현하러 왔을 때도 자상은 그에게 좋은 말을 요구했다. 당 성공이 이를 거절하자 자상은 그 역시 붙잡아 3년 간 연금했다. 결국 채나라와 당나라는 울며 겨자 먹기로 옥패와 좋은 말을 바쳐야 했다. 그런데 위험에서 벗어나자마자 채 소후는 이 사실을 진晉나라에 고해바쳤다. 진나라가 외면하자 이번에는 오나라에 알렸다. 굳이 오나라에 알린 이유는 간단했다. "초 소왕이 즉위한 이후로 초나라는 매년 오나라군의 침입을 당하지 않은 적이 없었기楚自昭王卽位, 無歲不有吳師" 때문이다.[16]

스스로 만든 재앙은 피해갈 수 없다. 초나라 토벌의 때가 왔다.

노 정공定公 4년(기원전 506) 겨울, 오왕 합려는 채나라, 당나라와 연합해 대거 공격을 개시하여 초나라 영토 깊숙이 들어갔다. 회하에서 한수로, 소별산小別山에서 대별산大別山으로, 다시 백거柏擧(지금의 후베이 성 마청麻城), 청발(지금의 후베이 성 안루安陸), 옹서雍澨(지금의 후베이 성 징산京山)로 진군했다. 초나라군은 번번이 패퇴했고 오나라군은 곧바로 도읍 영도郢都를 압박했다. 이에 자상은 정나라로 도망쳤다. 소왕도 간   **118**

15 사실 오자서가 합려에게 전략을 제시했을 때, 초나라의 정치가 자서子西는 소왕에게 간언을 올렸다. 그는 말하길, "오나라의 공자 광은 처음 왕위를 얻은 뒤로 백성들을 자식처럼 여기고 고생을 함께 합니다. 마땅히 조심해야 합니다"라고 했다. 그러나 소왕은 들은 체도 하지 않았다.
16 위의 일들은 『좌전』의 정공 3년, 4년의 기록 참고.

담이 서늘해져 운몽雲夢으로 도망쳤다. 오나라군의 장수들은 거들먹거리며 초나라 왕궁을 숙소로 삼았다. 만약 나중에 진秦나라가 출병하지 않았다면, 그리고 월나라인이 오나라를 습격하고 또 오나라에 내란이 일어나지 않았다면 초나라는 아마 멸망했을 것이다.[17]

오자서는 마침내 복수에 성공했다.[18]

당연히 합려도 패업을 이뤘다. 그러나 애석하게도 이 패주는 오래 가지 못했다. 10년 뒤, 그는 패전하여 목숨을 잃었으며 오나라도 곧 멸망했다. 패업의 완성부터 망국까지 겨우 33년이 걸렸다.

여기에는 또 어떤 흥미진진한 이야기가 있을까?

---

17 『좌전』정공 4년 참고.
18 『사기』「오자서열전」을 보면 오자서는 초 소왕이 도망쳐 잡지 못하자, 초 평왕의 무덤을 파헤쳐 시신에 300대의 채찍질을 가했다고 한다.

부차가
나라를 잃다

오나라가 망한 해는 노 애공哀公 22년(기원전 473)이다.

오나라를 멸망시킨 인물은 월왕 구천이었다.

그리고 망국의 군주는 오왕 부차夫差였다.

한 패권 대국이 순식간에 몰락해 철저히 망하고 말았다. 그 후로 역사의 무대에서는 더 이상 그들의 그림자가 보이지 않았다. 사실상 그때는 춘추 시대가 이미 막을 내려 아련한 여운만 남아 있었다. 그리고 또 하나의 초강대국 진晉나라는 곧 조趙, 위魏, 한韓 세 가문에 의해 나누어질 운명이었다.[19] 오나라의 멸망은 말세의 끝이면서 난세의 시작이었다. 이 사건에 관해 역사는 우리에게 어떤 느낌을 전해줄까?

비장함, 그리고 처량함이다.

처량한 분위기가 오나라의 수도 고소성姑蘇城을 뒤덮고 있었다. 사

---

19 춘추 시대가 언제 끝났는지는 학계에서도 이견이 많다. 그런데 『춘추』의 경문經文은 노 애공 16년(기원전 479)에 끝나며 마지막 행은 "여름 4월 기축일에 공구孔丘가 죽었다夏四月己丑, 孔丘卒"이다. 전문傳文은 노 애공 27년(기원전 468)에 끝나고 마지막 행은 "지백智伯이 욕심 많고 괴팍하여 한씨와 위씨가 반대로 그를 죽였다智伯貪而愎, 故韓, 魏反而喪之"이다. 세 가문이 진나라를 나눠 가진 것은 노 도공 28년(기원전 440), 즉 오나라가 멸망한 지 33년 뒤다.

실상 노 애공 20년(기원전 475)부터 고소성은 월나라군에 의해 철저히 포위된 상태였다. 과거에 초 장왕의 송나라 포위전에서는 송나라 도성의 교외에 집을 짓겠다고 허풍을 떨었을 뿐이라면 월왕 구천의 오나라 토벌에서는 실제로 성벽을 쌓았다.[20] 이번에는 거의 모두가 오나라가 망하리라는 것을 알았다. 진晉나라의 재상 조무휼趙無恤(앞 권에서 예양豫讓이 그토록 죽이려고 했던 조양자趙襄子)은 심지어 자신의 식사를 간소하게 차리게 하여 다가오는 한 나라의 소멸을 애도했다. 그리고 가신 초륭楚隆을 오나라로 보내 위로의 뜻을 전달했다.

초륭은 말했다.

"폐국의 노신 무휼이 삼가 비천한 소신 초륭을 보내 자신의 불경을 사죄하라 했습니다. 귀국과 폐국은 과거에 동맹을 맺어 뜻을 같이 하자고 맹세한 적이 있습니다. 귀국이 어려움을 당한 이때, 무휼은 감히 책임을 회피하는 것은 아닙니다. 다만 지금의 일은 실로 폐국의 힘이 미치지 못합니다."

부차는 무릎을 꿇고 이마를 땅에 조아리며 말했다.

"과인이 무능해 월나라를 잘 상대하지 못하여 귀국의 대부께 심려를 끼쳤으니 부끄럽소이다."

그런 다음, 일어나서 예물을 주며 또 말했다.

"구천은 과인을 죽는 것보다 못하게 만들거나 죽어도 곱게 죽지 못하게 만들 것이오."

20 양보권의 『춘추좌전주』에서는 쑤저우蘇州 서남쪽 서문胥門 밖 월성越城이 곧 월나라군이 오나라를 포위했을 때 쌓은 것이라고 말한다.

이런 외교적 수사로 가득한 말을 마치고서 부차는 쓴웃음을 지으며 초륭에게 사적인 말을 건넸다.

"물에 빠져 죽을 사람은 꼭 웃는다고 하지 않소?"[21]

그의 웃음은 처연하기 짝이 없었다.

이런 날이 올 줄은 그는 꿈에도 몰랐을 것이다.

확실히 부차는 패할 리가 없었고 오나라도 망할 리가 없었다. 본래 월나라는 오나라의 적수가 아니었기 때문이다. 일찍이 노 정공 14년(기원전 496)의 취리槜李(지금의 저장 성 자싱嘉興에 위치) 전투에서 월왕 구천은 오나라군을 대파하고 합려에게 부상을 입혀 죽음에 이르게 했다. 첫 활약부터 비범한 능력을 보인 셈이었다. 그러나 패전한 오나라인은 기가 죽지 않았다. 합려의 뒤를 이은 부차는 심지어 부하를 뜰에 세워놓고 자기가 드나들 때마다 큰소리로 외치게 했다.

"부차, 너는 아버지를 죽인 원수를 잊었느냐?"

그러면 부차는 숙연히 답했다.

"어찌 감히 잊겠는가!"

이 당시의 부차는 강인하고 과감했으며 분발하여 강력한 나라를 이뤄갔다. 이랬던 그가 어째서 나라를 잃은 걸까?

오만과 아집과 공명심이 문제였다.

사실 부차는 일찍이 자신의 맹세를 실현했다. 노 애공 원년(기원전 494), 오왕 부차는 부초夫椒(지금의 저장 성 사오싱紹興 안에 위치)에서 월나   **122**

---

21 『좌전』 애공 20년 참고.

라군을 대파하고 월나라의 도성인 회계성會稽省 아래까지 쳐들어갔다. 이때 월왕 구천은 겨우 병사 5000명을 데리고 회계산으로 물러나 그곳을 지켰다. 이때 부차가 조금만 더 몰아붙였다면 망한 나라는 오나라가 아니라 월나라였을 것이다.

그러나 부차는 공격을 중지했다. 그는 오자서 앞에서 허풍을 떨었다.

"월나라를 멸하면 앞으로 과인이 군사 훈련을 할 때 누가 보러오겠소?"[22]

이것은 오만이었다.

오만은 과대망상으로 이어지곤 한다. 부차가 보기에 선왕인 합려는 초나라를 격파했고 자신은 월나라를 격파했으므로 오나라는 당연히 '천하제일'이 되어야 마땅했다. 그런데 패주가 되려면 북방을 경영해 중원 각국을 고분고분하게 만들어야 했다. 월나라 같은 변방의 소국은 이제 눈에 들어오지도 않았다.

그래서 부차는 거창하게 대군을 일으켜 북으로 올라가 진陳나라, 노나라, 제나라를 공격했다. 동시에 그는 재정이나 백성들의 노고는 생각지 않고 거대한 토목공사를 벌였다. 한강邗江 강변에 성을 쌓고 도랑을 파서 장강과 회하를 이어놓았다.[23] 제나라를 정벌하고 2년 뒤, 그는 농작물이 익기도 전에 조급히 삼군을 거느리고 북상해 황지黃池 (지금의 허난 성 평추封丘)에서 제후들과 회맹을 가졌다. 이 때문에 송나라

---

22 『국어』 「오어吳語」 참고.
23 부차의 진 정벌은 노 애공 6년, 노 정벌은 노 애공 8년, 한강에 성을 쌓은 것은 노 애공 9년, 제 정벌은 노 애공 10년과 11년이었다. 이처럼 빈번한 전쟁으로 인해 당연히 국력의 소모가 심했다.

와 노나라 사이에 수로를 개통하고 기수沂水와 제수濟水를 연결시키기도 했다.[24] 부차는 그야말로 득의양양했다.

그런데 이때 전혀 뜻밖의 상황이 출현했다. 월나라가 어느새 국력을 다 회복하고 부차가 큰 과오를 범하기만을 기다리고 있었던 것이다.

이 점을 염두에 둔 사람이 없지는 않았다. 부차가 월나라와 강화조약을 맺을 때 오자서는 월나라가 반드시 "10년은 인구를 늘리고 재물을 축적할 것이며, 또 10년은 백성들을 가르치고 군대를 훈련시킬 것입니다十年生聚, 十年教訓"라고 했다. 그리고 오나라가 제나라를 정벌할 때도 그는 "월나라야말로 우리에게 심복지환心腹之患입니다"라고 부차에게 경고했다. 그러나 부차는 그의 말을 듣기는커녕 보검을 내려 자살하게 했다.[25]

이렇게 날뛰며 자기 하고 싶은 대로만 했으니 남은 것은 죽는 길밖에 없었다. 오래 호시탐탐 기회를 엿보던 월왕 구천은 드디어 절호의 기회를 잡았다. 부차가 의기양양하게 황지에 가서 진晉 정공定公과 맹주 자리를 놓고 다툴 때, 오나라를 지키는 사람은 태자와 노약자, 병자들뿐이었다. 그래서 구천은 곧장 그의 등에 칼을 꽂았다. 6월 11일, 월나라군은 두 부대로 갈라져 대거 오나라를 토벌했다. 21일에 오나라군을 대파해 태자를 생포했고 22일에는 오나라 도성에 입성했다.[26]

이런 상황에서도 부차는 패주의 꿈을 버리지 못했다. 본국에서 전

124

24 노 애공 13년의 일이며 『국어』 「오어」 참고.
25 『좌전』의 애공 원년과 11년 참고.
26 『좌전』 애공 13년, 『사기』 「월왕구천세가」 참고.

갈을 가져온 자들을 내리 7명이나 죽이면서까지 오나라의 패전 소식이 새나가지 못하게 했다. 그러나 7월 6일의 맹회에서 진나라 대부는 그의 안색이 이상한 것을 보고 계속 양보를 거부했다. 부차의 패주의 꿈은 이렇게 물거품이 되었다.[27]

패업을 못 이룬 부차는 서둘러 귀국하여 월나라와 화친을 맺었다.

구천은 순순히 물러갔고 부차는 월나라인이 체면을 되찾았으니 이미 만족했을 것이라고 생각했다. 그래서 황지 회맹 이후 부차는 병기를 내던지고 새로 평화의 꿈을 꾸기 시작했다. 아마도 자신의 공명심을 뉘우치고 백성들과 함께 휴식을 취하려 했던 것일 수도 있고, 아니면 의기소침하여 편안히 만년을 보내려 했던 것일 수도 있다. 그러나 월나라 군신들은 그렇게 보지 않았다. 그들이 보기에 부차가 전쟁 준비를 포기한 것은 오나라를 멸할 좋은 기회였다. 월나라 대부 문종文種은 구천에게 이렇게 말했다.

"소신은 점을 치지 않고도 시기가 온 것을 알겠습니다."[28]

월왕 구천은 회심의 미소를 지었다. 그 역시 그렇다는 것을 알고 있었다. 게다가 이번에 그는 절대로 부차처럼 허명을 쫓거나 무르게 굴지 않고 어떻게든 오나라를 끝장내려 했다.

구천은 부차와는 달랐다.

125

---

27 이 일은 『국어』에서는 다르게 설명한다.
28 『국어』「오어」 참고.

구천이
오나라를 멸하다

구천과 부차는 서로 어떻게 달랐을까?

부차는 천진했고 구천은 잔인했다.

월왕 구천의 이름은 누구나 알고 있다. 그의 '와신상담臥薪嘗膽'의 고사가 입에서 입으로 전해져왔기 때문이다. 그러나 이 고사는 미심쩍은 점이 있다. 『좌전』과 『국어』에 다 관련 기록이 없고 사마천도 '상담嘗膽'만 거론했지 '와신臥薪'은 언급하지 않았다.[29] 사실 구천에 관한 믿을 만한 사료는 그리 많지 않다. 『좌전』에는 거의 기록이 없고 『국어』의 기록은 의문투성이이며 『여씨춘추呂氏春秋』는 전국 시대 말기의 책인데다 『오월춘추』는 더 신빙성이 없다. 『좌전』 『국어』 이후 항간에 떠돈, 그 유명한 섹시 스파이 서시西施의 이야기를 비롯한 갖가지 이야기들은 무작정 듣기에는 재미있지만 진짜로 믿어서는 안 된다.

그러나 구천이 비범한 인물이었던 것은 분명하다.

---

29 이 말은 『사기』 「월왕구천세가」에 나온다.

　구천은 초대 월왕인 동시에 유일한 월왕이었다고 말할 수 있다. 구천 이전에 월나라의 군주들은 왕이라 칭하지 않았고 구천 이후의 왕들은 업적이 전무했기 때문이다. 이런 의미에서 보면 월나라의 역사는 구천의 역사이며 월나라의 이야기는 구천의 이야기다.

　실제로 구천 이전의 월나라 역사는 거의 공백이나 다름없다. 구천 이전의 월나라군은 세상 사람의 눈에 산적떼나 다름없었다. 이른바 "윤상允常(구천의 부친) 때 오왕 합려와 싸우고 양쪽이 서로 공격했다고 원망했다允常之時, 與吳王闔閭戰而相怨伐"[30]는 것은 가벼운 마찰에 불과했다. 오나라군이 초나라를 치러간 틈을 타 월나라군이 오나라를 공격한 것조차 아마 한 차례 소요 정도였을 것이다. 그래서 『춘추』와 『좌전』에서 언급만 하고 지나간 것이다. 그러나 윤상이 죽고 나서 구천이 보여준 활약은 천하를 놀라게 했다.

　그 활약은 취리 전투에서 나타났다.

　그것은 구천이 즉위한 뒤 처음 치른 전투이면서 월나라가 처음으로 오나라에게 승리한 전투였다. 바로 이 전투로 인해 월나라 군주의 이름이 역시 처음으로 정사正史에 출현하고 중원 각국의 주의를 끌기 시작했다. 사실 이 당시에 월나라는 결코 오나라의 적수가 아니었다. 얼마 전 패권 대국 초나라에게 쾌승을 거둔 오왕 합려도 그들을 안중에 두지 않았다. 월나라에 국상이 생긴 틈을 타 그가 월나라를 공격한 것은 아마도 그 난동분자들을 일거에 깔끔하게 소탕하고 싶어

---

30 『사기』 「월왕구천세가」 참고.

서였을 것이다.

안타깝게도 합려는 사람을 잘못 보았다.

구천은 상식에서 벗어난 인물이었다. 보통 춘추 시대의 전쟁은 양쪽 군대가 서로 마주보고 포진한 상태에서 싸움을 벌였다. 그리고 송양공이 그랬듯이 규칙을 따르고 예의를 중시했다. 그러나 월나라군은 이런 관례를 무시했다. 구천의 첫 번째 전술은 기선 제압이었다. 결사대를 조직해 적진으로 돌진하게 했다. 그러나 훈련이 잘 된 오나라군은 거듭된 도발에도 진영을 굳게 지키며 미동도 하지 않았다. 이에 구천은 두 번째 전술을 펼쳤다. 진영 앞에 100명의 죄인들을 세 줄로 세우고 일제히 오나라군을 향해 나아가며 고함을 지르게 했다.

"양국의 군왕이 교전을 하는데 우리는 군령을 어겼으니 삼가 스스로 목숨을 끊어 사죄하겠소!"

말을 마치고 그들은 오나라군 진영 앞에서 줄줄이 칼로 목을 베어 자살했다.

그런 광경을 익히 본 적이 없었던 오나라군은 그만 넋을 잃었다. 이틈을 타 월나라군은 습격을 감행했다. 미처 방비하지 못한 오나라군은 허무하게 패하고 말았다.[31]

이런 악랄한 전술을 구천은 어떻게 구사할 수 있었을까?

아마도 약소국이었기에 피치 못하게 그런 극한의 전술을 택했는지도 모른다. 하지만 예의를 중시했던 중원 각국은 아무리 나라가 작고

힘이 약해도 감히 그런 짓은 하지 못했을 것이다. 오직 악랄한 자만이 할 수 있는 짓이었다. 실제로 구천이 죽음으로 내몬 그 죄인들은 제2차 세계대전 말에 일본군이 조직한 가미카제 특공대와 마찬가지로 명실상부한 '결사대'였다. 묵자墨子는 구천이 군대를 훈련시킬 때 그들의 용기를 시험하기 위해 일부러 배에 불을 지른 뒤, 북을 쳐서 그 배에 뛰어들게 했다고 기록했다. 월나라 병사들은 용감히 전진하여 불에 타거나 물에 빠져 무수히 목숨을 잃었다고 한다.[32] 묵자는 구천과 가까운 시대에 살았기 때문에 그의 말은 어느 정도 근거가 있다.

아울러 구천은 은혜와 위엄을 함께 사용할 줄 알았다. 예컨대 오나라 토벌전에서 그는 이렇게 군대를 인솔했다. 첫째 날, 삼군의 장졸들이 도열해 있을 때 구천이 북소리와 함께 걸어 나와 우선 죄수들을 참수한 뒤, 부모가 연로하고 형제가 없는 사람은 돌아가 부모를 봉양하라고 선언했다. 둘째 날에는 또 죄수들을 참수한 뒤, 형제들이 다 군대에 있으면 알아서 한 명을 골라 집으로 돌려보내라고 선언했다. 셋째 날에도 죄수들을 참수한 뒤, 눈이 안 좋은 사람은 집에 돌아가 병을 치료하라고 선언했다. 넷째 날에도 역시 죄수들을 참수한 뒤, 체력이 떨어지거나 머리가 안 좋은 사람은 죄다 집에 돌아가고 보고할 필요도 없다고 선언했다. 그리고 다섯째 날에도 죄수들을 참수한 뒤, 집에 돌아가고 싶은 사람이 군중에 남아 전장에서 통제에 따르지 않으면 직접 목을 베고서 그 처자를 첩과 노예로 삼겠다고 선언했다.

---

32 『묵자』「겸애하兼愛下」 참고.

그리하여 전군의 장졸들이 모두 필사의 결심을 했다.[33] 월나라의 용맹한 군대는 이렇게 길러졌다.

위의 이야기를 보고나면 구천이 복수하기 전까지 부차에게 철저히 비굴하게 굴었던 것이 이상하지 않다. 그가 오나라 도성을 꼬박 3년이나 포위한 것도 이상하지 않다. 오나라의 항복을 안 받아주고 무자비하게 나라를 멸한 것도 마찬가지다. 기록에 따르면 오왕 부차는 사람을 보내 구천에게 화의를 청했다고 한다.

"옛날에 과인은 귀하의 명을 좇아 감히 월나라의 제사를 끊지 못했으니 이번에는 폐국의 종묘와 사직을 훼손하지 말아주실 수는 없겠소?"

구천은 코웃음을 치며 답했다.

"옛날에 하늘이 월나라를 오나라에 하사하셨는데도 오나라는 받지 않았소. 그런데 지금 과인이 또 어찌 하늘의 명을 어기겠소? 만약 귀하가 편안한 노후를 원한다면 과인이 마땅한 곳을 잘 준비해드리겠소이다."[34]

자존심 강한 부차는 자살을 택할 수밖에 없었다.

부차가 죽고 오나라가 망했다. 구천이 죽일 사람은 이제 자기편뿐이었다. 이 점을 그의 오른팔인 범려范蠡는 누구보다 잘 알았다. 그래서 월나라를 떠나기로 마음먹었다. 떠나기 전, 범려는 자신의 동료 문종에게 편지를 썼다.

130

---

33 『국어』「오어」 참고.
34 『국어』「오어」와 『좌전』 애공 22년 참고. 구천이 부차의 노후를 위해 준비해주겠다고 한 곳은 용동甬東, 즉 지금의 저장 성 저우산舟山이다.

"나는 새가 사라지면 좋은 활도 폐기되고 교활한 토끼가 죽으면 사냥개도 잡아먹히니飛鳥盡, 良弓藏; 狡兔死, 走狗烹 어서 달아나시오."

그러나 문종은 달아나지 않았다.

과연 구천은 자신이 차고 있던 검을 선물하며 뻔뻔하게 문종에게 말했다.

"선생은 과인에게 오나라를 치는 전술 일곱 가지를 가르쳐주었지만 과인은 세 가지만으로 오나라를 멸했소. 아직 네 가지가 남았으니 선생 자신에게 써보는 게 어떻겠소?"

문종도 자살할 수밖에 없었다.

비열함은 비열한 자의 통행증이고 고상함은 고상한 자의 묘지명이다.[35] 이 명언이 구천 자신이나 구천의 시대에도 들어맞았던 것일까?

그렇다. 왜냐하면 이미 예악이 붕괴했기 때문이다.

---

35 현대 중국의 시인 베이다오北島의 대표작 「회답回答」의 한 구절.

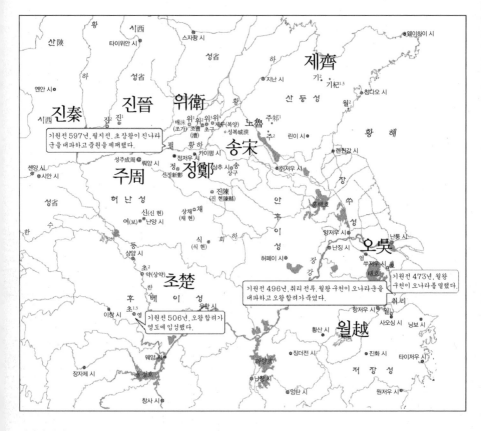

남방의 부상

예약의 붕괴

남방과
북방

오나라를 멸한 뒤, 구천도 패주가 되었다.

그는 최후의 패주였다. 『사기』에 따르면 승리한 월왕 구천이 군대를 이끌고 북쪽으로 회하를 건너 제, 진晉 등의 나라들과 서주徐州(지금의 산둥 성 텅저우滕州 동남부에 위치)에서 회맹을 가졌다고 한다. 주 원왕元王도 이에 동조하여 제사용 고기를 하사하고 그를 후백侯伯에 봉했다. 주나라 천자의 인증이 있었기에 구천은 '진짜 패주'였다고 할 수 있다. 그와 비교하면 오왕 합려는 단지 '준 패주'였다.[1]

애석하게도 이 일은 『좌전』과 『국어』에 다 기록이 없어서 구천이 진짜 패주였다는 것은 오히려 합려가 준 패주였던 것보다 더 의심스럽다. 그러나 이 점은 별로 중요하지 않다. 왜냐하면 그때는 왕권 시대가 이미 지나갔을 뿐만 아니라 패권 시대도 거의 막바지였기 때문이다. 그 대신 곧 강권 시대가 시작될 참이었다. 구천의 패업은 한 시대

---

1 『사기』「월왕구천세가」 참고.

의 종언에 속했기 때문에 그의 자손들이 아무 성과를 내지 못한 것도
어쩌면 당연한 일이었다.

하지만 이 시점에서 춘추 시대 패주들을 연대별로 나열해보는 것
도 꽤 흥미로운 일이다.

기원전 651년 제 환공의 패업 성취
기원전 639년 송 양공의 패업 도전
기원전 632년 진 문공의 패업 성취
기원전 623년 진 목공의 패업 성취
기원전 594년 초 장왕의 패업 성취[2]
기원전 506년 오왕 합려의 패업 성취
기원전 473년 월왕 구천의 패업 성취

이 일곱 명 중 송 양공은 사실 계산에 넣어서는 안 된다. 나머지 여
섯 명은 앞의 세 명, 뒤의 세 명으로 나뉜다. 앞의 세 명은 제 환공,
진 문공, 진 목공이며 모두 북방에 위치했다. 뒤의 세 명은 초 장왕,
오왕 합려, 월왕 구천으로서 모두 남방에 위치했다. 따라서 춘추 시
대의 패권 다툼은 두 부분으로 나뉜다. 전반부는 북방의 시대, 후반
부는 남방의 시대였다.[3]

135   남방의 세 패주는 모두 만이였다.

---

2 어떤 학자는 초 영왕이야말로 진정한 패주였다고 말한다(리쉐친李學勤 주편, 『춘추사와 춘추 문
명』 참고). 그렇다면 이 부분은 "기원전 538년, 초 영왕의 패업 성취"라고 고쳐야 한다.
3 제 환공 전에 정 장공을 덧붙이고 초 장왕 뒤에 초 영왕을 덧붙여도 결론은 마찬가지다.

그러나 만이라고 다 똑같은 만이는 아니었다. 초나라는 일찍부터 중원 각국과 관계를 가졌다. 서주 초기에 이미 분봉을 받았고 춘추 시대 초기부터 남방의 강국이었으며 나중에는 천하의 패주가 되어 만이에서 화하華夏가 되었다. 초나라가 남방에서 가장 먼저 부상한 것은 중원의 문화를 수용한 것과 관계가 없지 않다.

오나라의 흥기는 훨씬 늦었다. 그들은 초 장왕이 패주가 된 뒤에야 역사의 무대에 얼굴을 내밀었으며[4] 춘추 시대 후기까지 만이의 풍습을 못 버려 여전히 머리를 짧게 깎고 문신을 했다.[5] 노 애공 11년(기원전 484), 오왕 부차는 노나라와 손잡고 제나라를 공격했으며 애릉艾陵 (지금의 산둥 성 타이안泰安)에서 전투를 벌였다. 이때 부차는 노나라의 사마司馬 주구州仇가 마음에 들어 갑옷과 보검을 하사했다. 구주는 눈이 휘둥그레지고 얼이 빠져서 답례조차 못했다. 왜냐하면 중원의 예의에 따르면 군주가 신하에게 검을 하사하는 것은 자살하라는 의미였기 때문이다. 부차는 그런 규범을 몰라 우스꽝스러운 장면을 연출한 것이다. 결국 공자의 제자이자 외교관이었던 자공이 나서야 했다. 그는 주구 대신 감사를 표하며 말했다.

"주구가 갑옷을 받들고 군주를 따를 것입니다."

그제야 원만하게 사태가 수습되었다.[6]

월나라의 문화는 더 낙후했다. 머리를 짧게 깎고 문신을 했을 뿐만 아니라 맨발로 생활하고 언어도 중원 사람들과 완전히 달랐다. 그들

136

---

4 오나라의 국호가 처음 『춘추』에 나오고 오나라의 군주가 처음 『좌전』에 나온 것은 모두 노 성공 7년(기원전 584)이다.
5 『좌전』 소공 30년에 따르면 오왕 합려가 서나라를 멸했을 때 서나라의 군주가 자신의 머리칼을 짧게 깎아 신하가 되었음을 표시했다고 한다. 춘추 시대 말기에도 사람들이 "오나라 사람은 머리칼이 짧다吳髮短"는 말을 했음을 『좌전』 「애공 11년에서 확인할 수 있다.
6 『좌전』 「애공 11년 참고.

이 국가 간의 경쟁에 뛰어든 건 춘추 시대 말기였으며 그것도 처음에는 초나라의 들러리 격이었으므로 서열도 돈頓나라, 심沈나라, 서徐나라 같은 약소국 뒤에 위치했다.[7]

범려의 술회를 보면 더 처량하다.

오나라 토벌전에서 구천은 오나라를 3년 간 포위했고 오나라인은 싸워보지도 못하고 패했다. 오왕 부차는 화의를 청하라고 왕손 낙雒을 보냈지만 범려는 북채를 들고 북을 들어 올려 응대했다. 그 모습을 보고서 왕손 낙은 일이 글렀다는 것을 알고 범려에게 말했다.

"존경하는 범대부시여, 천재天災를 틈타 백성을 해치는 것은 불길한 행위요. 지금 오나라는 게가 벼의 볍씨조차 다 먹어치운 형편인데 귀국은 불길함이 두렵지도 않소?"

범려는 분노를 누르며 답했다.

"친애하는 왕손 대부시여, 저희 월나라의 선대 군주께서는 천자로부터 자작의 지위조차 못 얻으시고 동해의 해안가에 숨어 악어, 전갈, 거북이, 새우, 게와 벗하며 개구리처럼 사셨습니다. 저희는 부끄럽게도 사람의 얼굴을 하고 있기는 하지만 사실은 금수와 별 다를 바가 없으니 어찌 왕손의 말씀을 알아듣기라도 하겠습니까?"[8]

월나라인이 문화가 낙후했을 뿐더러 그로 인해 멸시를 당했음을 알 수 있는 대목이다.

그러나 하늘의 뜻은 알기 어려운 법이어서 초나라에 비해서는 오

---

7 월나라가 국가 간 경쟁에 뛰어든 해는 기원전 537년이다. 『춘추』 소공 5년을 보면 "겨울에 초자楚子, 채후, 진후, 허남許男, 돈자頓子, 심자沈子, 서인徐人, 월인越人이 오나라를 토벌했다"라는 구절이 나온다. 그리고 오나라가 처음 월나라와 싸운 해는 노 소공 32년이며 월나라 군주의 이름이 처음 『좌전』에 등장한 해는 노 정공 14년이다. 그 군주는 곧 월왕 구천이다.
8 『국어』 「월어하越語 下」 참고.

나라가, 오나라에 비해서는 월나라가 문화가 낙후하고 더 야만스러웠지만 국운의 성쇠와 패권의 교체에서는 결국 뒤의 나라가 우위를 차지했다. 먼저 오나라가 초나라를 이기고, 그 다음에는 월나라가 오나라를 멸했다. 오나라가 초나라에 이긴 것은 초 영왕이 죽은 지 23년 만이었으며 월나라가 오나라를 멸한 것도 합려가 죽은 지 겨우 23년 만이었다. 이것은 너무 빠르지 않은가?

제나라, 진晉나라, 진秦나라도 할 수 없었던 일을 오나라는 해냈다. 초나라도 할 수 없었던 일을 월나라는 해냈다. 만이의 작은 나라가 부상하자 아무도 그 기세를 막지 못했다. 설마 세상의 변화가 옛말처럼 "장강의 뒤 물결이 앞 물결을 밀어내니, 앞 물결은 모래톱에서 스러지네長江後浪推前浪, 前浪死在沙灘上"란 말인가? 설마 후발주자였던 오나라와 월나라가 정말 그토록 강력했단 말인가? 설마 한 나라와 민족이 문명화의 수준이 높을수록 오히려 야만족을 이길 수 없었던 걸까?

뭐라고 말하기 어렵다.

확실히 야만족은 역사를 창조하거나 다시 쓸 가능성이 컸다. 예를 들어 세계 최초의 알파벳을 발명한 페니키아인, 그리스 문명을 창조한 도리아인, 이집트를 정복하고 신바빌로니아 왕국을 흡수한 페르시아인, 이슬람 문명을 창조한 아라비아인은 본래 야만족이었다.

사실 야만족의 가장 큰 장점은 거칠고 야만스러운 것이었다. 그들은 혈기가 넘치고 생기발랄하며 도전적인 동시에 고정관념에 얽매이지 않았다. 그래서 그리스는 마케도니아에 정복당했고 마케도니아는 로마에 정복당했으며 로마는 문명 수준이 더 낮은 게르만족에게 멸망당했다. 이와 똑같은 이유로 부차가 구천에게, 송 양공이 초 성왕에게 당했는지는 단언하기 어렵다. 그러나 월나라는 오나라를, 확실히 맨발인 자가 신발 신은 자를 두려워하지 않는 것과 같은 맥락에서 이길 수 있었다.

하지만 오나라는 그 급작스러운 부상만큼이나 빠르게 사라졌다. 월나라도 몰락을 면치 못했다.[9] 결국 마지막으로 남은 강대국은 월나라, 오나라도 심지어 진晉나라도 아닌 제나라, 진秦나라, 초나라였다.

이 사실은 실로 의미심장하다.

9 구천이 오나라를 멸한 지 139년 뒤, 월왕 무강無疆이 초나라를 토벌하다 패해 사망했고 월나라는 실질적으로 사라졌다.

황하와
장강

춘추 시대의 패권국들을 좀 더 살펴보자.

그들에게는 세 가지 특징이 있었다. 첫째, 진晉나라를 제외하고 다른 나라들은 전부 성이 희가 아니었다. 제나라는 강, 송은 자子, 진秦나라는 영嬴, 초나라는 미芈였다. 오나라와 월나라는 각기 희와 사姒라고 주장했지만 사실은 성이 없었다. 둘째, 진晉나라와 송나라를 제외하고 다른 나라들은 모두 중원 밖 변경에 위치했다. 제나라는 동이에, 진秦나라는 서융에, 초나라는 남만에, 오나라와 월나라는 백월百越에 있었다. 셋째, 패업을 이룬 순서가 처음에는 황하, 그 다음에는 장강이었다. 구체적으로 말하면 황하 하류(진晉나라와 송나라)에서 시작해 차례대로 황하 상류(진秦나라), 장강 상류(초나라), 장강 하류(오나라와 월나라)였다.

황하와 장강을 연결한 것은 진나라와 초나라였다. 실제로 진 문공 **140**

부터 초 영왕까지 패주의 자리는 기본적으로 진과 초, 양국이 교대로 차지했다. 그 100년 간의 역사는 진이 패권을 주도하고, 진이 쇠하면서 초가 강해지고, 진과 초가 서로 싸우고, 신의 패권이 부흥하고, 진과 초가 함께 패권을 차지하는 다섯 단계로 나눠진다.[10] 그 기간에 진나라는 초나라인의 북상으로 인해 패주 자리의 회복과 상실을 반복한다. 마찬가지로 진나라가 남하해 오나라와 연합하면서 초나라도 확장이 여의치 않아 야심을 실현하기 어려워진다. 그러다가 노 양공 27년(기원전 546), 미병지회가 열려 중원 지역은 잠시 평화를 얻었고 역사의 무대는 황하 유역에서 남쪽 장강 유역으로 옮겨진다. 무대 위의 연극도 제, 송, 진晉, 진秦, 초의 '오후쟁패五侯爭覇'에서 초, 오, 월의 '삼국지三國志'로 바뀐다.

그래서 초나라가 북상해 패권을 다툰 것과 진나라가 남하해 오나라와 연합한 것은 중대한 의미가 있다.

그 의미는 정치적, 군사적인 의미를 넘어 문화적 의미이기도 하다. 춘추 시대 패권국 중 유일하게 성이 희인 대국으로서 진나라는 사실상 주나라 문명과 중원의 전통문화를 대표했다. 오나라는 비록 주나라의 후예라고 자칭하기는 했지만 본래는 만이였다. 실제로 오나라인이 주나라의 후예라는 주장은 처음부터 의심의 대상이었다. 누구도 증거를 제시하지 못했기 때문이다. 반대로 그들이 "머리를 짧게 깎고 문신을 했으며 맨몸을 꾸밈으로 삼은 것斷髮文身, 裸以爲飾"은 엄연한 사

141

10 퉁수예의 『춘추사』 참고.

실이었다.

오나라인의 초대 군주인 태백太伯과 중옹仲雍이 정말로 주나라의 왕자였더라도 일찍이 만이에게 동화되었으며 "바닷가에 떨어져 있어 주나라와 교류가 없었음"을 알 수 있다.[11] 그런데 수백 년 넘게 중원과 교류가 없었던 그들이 왜 이제 와서 교류하려 했을까? 나라가 낙후하면 다른 나라의 먹잇감이 된다는 것을 절감하고 중원의 문물을 받아들이려 한 것이다. 심지어 오왕 수몽壽夢의 넷째 아들 계찰季札은 일부러 주나라의 예악을 가장 완전하게 보존한 노나라에 가서 직접 관찰하고 배우며 감탄을 금치 못했다. 그의 이런 열정은 메이지 시대의 일본인에 못지 않았다. 그래서 합려의 시대가 되었을 때, 오나라의 문명 수준은 이미 중원 각국과 비견될 정도로 높아졌다.[12]

오나라의 부상에는 그럴 만한 이유가 있었던 것이다.

여기에서 우리는 발전 중인 한 민족이 선진 문화에 대해 보이는 동경을 확인할 수 있으며 그들이 주나라의 후예라고 자처한 이유도 납득할 수 있다. 그것은 자신들의 역사에 관한 오래된 기억이라기보다는 중원 문명에 대한 자기 동일시라고 하는 편이 맞다. 마찬가지로 우리는 또 중원 문화권이 왜 오나라인의 주장을 인정했는지도 이해할 수 있다. 그것은 사실 자신들의 문화와 문명에 대한 자신감과 자부심의 소산이었다.

한 가지 비밀이 이 지점에서 밝혀진다.

---

11 이 말은 『좌전』 소공 30년에 나온다.
12 이 말은 『좌전』 소공 30년에 나온다.

중국 문명은 세계문명사에서 세 가지 독자성을 갖고 있다. 그 중 하나는 바로 최초의 문명들 중 유일하게 지금까지 중단 없이 이어져 온 문명이라는 것이다.[13] '최초의 문명'이란 원시사회에서 직접 탄생한 수메르, 이집트, 인더스강, 황하, 크레타, 올메크 이 '6대 문명'을 말한다. 이 문명들 중 나머지 5대 문명은 사라지고 몰락했다. 오직 황하 문명만이 시간 순서대로 하나라, 상나라, 주나라, 화하, 한나라와 당나라로 발전했는데 그 비밀은 무엇일까?

화華, 하夏, 중국 이 세 단어가 키워드다.

'중국'이라는 단어의 가장 오래된 물적 증거는 하존何尊(1963년 산시陝西 성 바오지寶鷄 전창陳倉 구에서 출토된 높이 38.8센티미터, 무게 14.6킬로그램의 잔 모양 청동기. 안쪽 바닥에 모두 12행 122자의 명문이 새겨져 있다)에 있다. 가장 오래된 문헌상의 증거는 『상서尙書』와 『시경』에 있다. 하존은 주 성왕成王 시대의 청동기로서 하존에 적힌 '중국'은 성주(낙양)를 가리킨다. 그리고 『상서』와 『시경』에서 말하는 '중국'은 상나라, 주나라를 비롯해 주례周禮를 준수하는 중원 각국을 다 포괄한다. 이로써 당시의 '중국'이라는 단어가 첫째, 천하의 한가운데 둘째, 문명 수준이 높은 나라와 민족 셋째, 전통문화의 소재지라는 삼중의 의미를 가졌음을 알 수 있다.

이와 관계있는 개념이 화하다. 하는 지역이나 나라를 가리키는 말이고 화는 백성이나 민족을 가리키는 말로서 화와 하를 합하면 곧

---

13 중국 문명의 '세 가지 독자성'은 첫째, 최초의 문명들 중 유일하게 지금까지 중단 없이 이어져온 문명이라는 것, 둘째, 지금까지 이어져온 문명들 중 유일하게 신앙이 없는 문명이라는 것, 셋째, 신앙이 없는 문명들 중 유일하게 세계성을 갖춘 문명이라는 것이다.

중국이다.

그런데 어떤 지역이나 나라가 하인지, 또 어떤 백성이나 민족이 화인지 결정하는 기준은 문명의 수준이었다. 문명의 수준이 높으면 하와 화였지만, 낮으면 하와 화가 아니었다. 아울러 문명의 수준을 가능하는 척도는, 춘추 시대에는 주례와 주악周樂이었다. 그래서 주례를 준수하는 중원의 제후들은 스스로 중국이라 칭하고 주나라 문명권 밖의 초나라, 오나라, 월나라를 만이로 간주했다(초나라, 오나라, 월나라는 전자를 중국 혹은 상국上國이라 불렀다). 심지어 진秦나라조차 주나라 천자에 의해 책봉된 나라인데도 융적戎狄으로 간주되었다.[14]

그러나 패권 경쟁이라는 고정관념은 파괴되었다. 황하와 장강의 상호관계를 통해 화하는 만이를 개조했고 만이도 화하에 영향을 끼쳤다. 결국에는 진秦, 초, 오, 월과 그들에게 흡수되고 개조된 다른 만이, 융적들이 모두 같은 행렬에 편입되었다. 중국의 범위가 확대된 것이다. 온갖 하천이 바다로 흘러든 결과, 문명의 용량이 확장된 셈이었다. 아마도 이것이 비밀의 정체일 것이다.

이런 융합과 동시에 해체가 이뤄졌다.

해체는 필연적이었다. 맨 먼저 해체된 것은 봉건제도 혹은 방국제도였다. 이 제도의 핵심은 천자가 제후를, 제후가 대부를 봉하여 각자 하사받은 영지를 다스리는 '봉방건국封邦建國'일 뿐만 아니라 "예악과 정벌이 천자에게서 비롯되어야" 천하에 도가 선다는 원칙도 포함

14 판원란의 『중국통사』 참고.

한다.[15] 그러나 그것은 왕권 시대에나 통용되었다. 패권 시대에 와서는 성벌은 다 제후들이 행했고 그것은 자체로 예악의 붕괴에 해당했다. 하물며 초나라 같은 만이는 존왕뿐만 아니라 양이에도 관심이 없었으며 패권 경쟁에만 몰두했다. 패권 경쟁은 예의나 겸양과는 거리가 멀었다. 더는 정해진 규칙을 고수할 수도 없었다. 정전, 종법, 봉건, 예악이라는 4대 제도도 계속 유지되기 힘들었다. 서주와 동주의 국제 질서와 게임의 규칙 역시 마찬가지였다.

사실 초, 오, 월 이 세 야만족 국가가 차례로 패권국이 된 것은 그 자체로 서주와 동주의 제도와 문화가 쇠퇴했음을 의미한다. 모든 전통이 도전에 직면하고 쇄신이 예고되었다. 그래서 우선 주나라 왕실이 기울고 그 다음에는 진나라 공실公室(군주의 일가)이 와해되었다. 각종 정치 세력들이 혼란의 와중에 새로 재편되었다. 너무 오래된 화하는 기세가, 너무 새파란 만이는 저력이 부족해 하나씩 도태되었다. 마지막으로 승리해 남은 것은 제일 먼저 화하에 동화된 만이, 즉 제나라, 진秦나라, 초나라였다.

그들이 어떻게 새 판을 짜게 되었는지 살펴보자.

15 『논어』「계씨季氏」 참고.

자산의
정치 개혁

남방이 부상할 때, 북방은 정치 개혁 중이었다.

그 정치 개혁의 일인자는 자산子産이었다.

자산은 정나라의 정치가로서 이름은 교僑였다. 정 목공의 손자여서 공손교라고도 불렸다. 자산은 일찍부터 정치적 재능을 드러냈다. 노양공 8년(기원전 565), 그의 아버지이자 정나라의 사마였던 자국子國이 채나라 정벌에 성공해 온 나라가 경축했지만 자산만 생각이 달랐다.

"우리처럼 작은 나라가 덕을 닦지 않고 무공을 좇는 것만큼 큰 화를 부르는 일은 없습니다. 채나라는 초나라의 속국입니다. 우리가 채나라를 쳤으니 초나라도 틀림없이 우리를 치러 올 겁니다. 그때 우리가 초나라에 순종하지 않을 수 있습니까? 초나라에 순종하면 진나라가 보복하러 올 텐데 우리가 진나라를 이길 수 있습니까? 진나라와 초나라가 다 쳐들어오면 우리 정나라에 안녕이 있을 수 있습니까?" **146**

이 말을 할 때 자산은 아직 어렸다. 그래서 자국은 그를 호되게 꾸짖었다.

"이 어린 녀석이 뭘 안다고!"[16]

그러나 자산의 예언은 모두 들어맞았다. 과연 초나라와 진나라가 번갈아가며 정나라에 쳐들어왔다. 정나라는 어쩔 수 없이 차례로 진, 초 양국과 동맹과 강화를 맺었다. 그리고 2년 뒤, 이번에는 내란이 일어났다. 이때는 재상을 맡고 있던 자국은 혼란 속에서 폭도들에게 목숨을 잃고 말았다. 이 소식을 듣고도 자산은 당황하지 않았다. 냉정하게 준비를 다 마치고 군대를 인솔하여 반란을 평정했다. 정나라 사람들은 이때부터 자산을 달리 보기 시작했다.[17]

20년 뒤, 자산은 정나라의 재상이 되었다.

재상이 된 뒤로 자산은 정치 개혁을 시작했다. 봉혁封洫을 만들고, 구부丘賦를 만들고, 형정刑鼎을 주조했다. 봉은 밭의 경계이며 혁은 도랑이다. 따라서 봉혁을 만들었다는 것은 토지를 새로 나누고 분배했음을 뜻한다. 그리고 구부를 만들었다는 것은 곧 병역법의 개혁으로서 세제 개혁까지 포함했을 것이다. 세稅(돈을 납부)와 부賦(요역을 제공)는 다 토지와 관련이 있었기 때문이다. 이 두 가지는 당연히 많은 사람의 기득권을 침범했다. 그래서 개혁 초기에는 곳곳에서 욕설이 난무했다. 봉혁을 만들 때 누군가는 노래를 지어 그를 욕했다.

"돈 거두기 좋게 내 재산을 세고, 세 거두기 좋게 내 땅을 재네. 누

---

16 『좌전』 양공 8년 참고.
17 『좌전』 양공 10년 참고.

가 자산만 죽여준다면, 그 사람 앞에 줄을 서겠네!"

그가 구부를 만들 때도 누가 노래를 지어 그를 욕했다.

"재상 어르신이 악귀로 변해, 스스로 전갈 꼬리가 됐네! 이 사람이 명령해 시행하니, 온 나라가 후회해도 소용없네!"[18]

하지만 자산은 끄덕도 하지 않았다.

그는 나라에 이로운 일이라면 자신의 생사는 도외시할 수 있다는 입장이었다.[19]

자산은 또한 언론을 통제하지 않았다. 당시 정나라 사람들은 저녁에 학교에 가서 모임을 갖는 것을 좋아했다. 춘추 시대의 학교는 일종의 클럽이기도 했다. 사람들이 모여 이야기를 나누다보면 정치에 관해 이러쿵저러쿵 불만을 털어놓는 게 당연했다. 그래서 누가 학교 문을 닫자고 건의했지만 자산은 고개를 저었다.

"왜 문을 닫아야 하는가? 그냥 이야기하게 놔두는 것이 좋네. 그들이 옹호하는 것은 힘껏 추진하고 그들이 반대하는 것은 적절히 고치겠네. 공권력을 이용하면 물론 그들의 입을 막을 수 있지만 그게 무슨 좋은 점이 있겠는가?"[20]

자산의 개혁은 금세 효과를 거뒀고 백성들도 혜택을 보았다. 이때 또 누가 노래를 지어 그를 칭찬했다.

"내 자식은 자산이 가르쳤고, 내 재산도 자산이 배로 불렸네. 자산이 죽으면, 누가 그 뒤를 이을까?"[21]

148

---

18 자산이 봉혁을 만들고 욕을 먹은 일은 『좌전』 양공 30년에, 구부를 만들고 욕을 먹은 일은 『좌전』 소공 4년에 나온다.

19 이 말은 『좌전』 소공 4년에 나온다.

20 『좌전』 양공 31년 참고.

이른바 민의民意란 본래 이런 법이다.

그런데 자산의 정치 개혁은 근본적인 것까지 건드렸다. 특히 형정의 주조가 그러했다. 형성의 주조란 형법의 조문을 청동제 세발솥에 새겨 공개하는 것을 뜻했다. 이것은 서주와 동주의 정치체제와 정치 이념을 통째로 부정하는 것과 같았다. 그래서 진晉나라의 정치가 숙향叔向은 자산에게 편지를 보내 그를 비판했다.

"선왕께서 예로 나라를 다스리고 형법을 제정하지 않으신 것은 백성이 법도에 어긋나는 마음을 가질까 두려워서였습니다. 그럼으로써 성인을 본받아 덕으로 나라를 다스리라고 하신 겁니다. 덕치만이 임의로 백성을 부리면서도 재앙이 안 생기게 할 수 있습니다. 반대로 형법을 제정해 공개하면 백성은 법률만 알고 윗사람을 모르고 법조문만 알고 예의를 모르며, 심지어 문구를 따져 벌을 피하게 됩니다. 그렇게 된다면 어찌 혼란해지지 않겠습니까? 제가 듣기로 나라가 망할 즈음에는 반드시 개혁을 한다고 하니 바로 이 일을 가리키는 것이 아닙니까?"[22]

숙향은 매우 민감하게 위험을 감지했다.

그 위험은 바로 예악의 붕괴였다.

자산은 논쟁하지 않았다. 그는 회신에서 이렇게 말했다.

"제가 무능하여 명에 따르지는 못하오나 삼가 정중히 감사드립니다."

149

---

21 이 말은 『좌전』 양공 30년에 나온다.
22 이 말은 『좌전』 소공 6년에 나오며 숙향에 관해서는 『이중톈 중국사4―청춘지』 참고.

사실 자산이 꼭 법치를 좋아한 것은 아니다. 다만 덕치와 예치가 완전무결하지는 않다고 생각했을 뿐이다. 사례를 한 가지 들어보자. 노 소공 원년(기원전 541), 정나라에 형사 사건 하나가 발생했다. 정나라 대부 서오범徐吾犯의 아름다운 누이동생을 두 명의 공손公孫(군주의 손자)이 동시에 탐하여 벌어진 사건이었다. 공손 초楚는 이미 약혼 서한을 보냈고 공손 흑黑도 막무가내로 예물을 보낸 상태였다. 서오범은 이러지도 저러지도 못해 재상 자산에게 중재를 부탁했다. 자산은 말했다.

"이것은 나라에서 잘 처리해 귀하를 곤란하게 만들지 못하게 하겠소. 귀하의 누이가 원하는 사람에게 시집을 가게 합시다!"

서오범은 그의 말에 따랐고 두 공손은 약속에 따라 차례로 서오범의 집에 당도했다. 흑은 화려한 옷차림으로 와서 후한 선물을 선사했다. 초는 군복을 입고 와서 측근들에게 화살 몇 대를 쏘게 한 뒤, 훌쩍 전차에 올라 가버렸다. 서오범의 누이동생은 흑이 멋있기는 하지만 초가 더 남자답다고 말했다.

그래서 그녀는 초에게 출가했다.

그런데 뜻밖에도 흑은 포기하지 않았다. 초의 집에 난입해 그를 죽이고 여자를 납치해가려 했다. 하지만 결국 초의 창에 부상만 당하고 말았다. 이 사건은 법치사회에서는 처리하기가 전혀 어렵지 않다. 흑은 민가에 불법 침입해 주인을 살해하고 그의 아내를 납치하려 한 혐의가 있었으며 주인인 초는 정당방위였다. 그러나 예치의 원칙에 따르면 패소하는 쪽은 초일 수밖에 없었다. 왜냐하면 흑은 상대부인데다 연장자이고 초는 하대부인데다 연하였기 때문이다. 그래서 자산은 초를 국경 밖으로 쫓아냈다. 그로서는 예를 지킨 셈이었다.

자산은 이 사건이 계속 마음에 걸렸던 게 분명하다. 그래서 이듬해에 흑이 모반 혐의로 잡혔을 때, 자산은 단호히 자살 판결을 내리고 초와 여자를 두고 다툰 일도 죄상의 하나로 넣었다. 그때 흑은 말했다.

"나는 부상이 재발해 조만간 죽을 터이니 부디 하늘을 도와 내 액운을 늘리지는 말아주시오."

이에 자산은 이렇게 답했다.

"세상에 죽지 않는 사람이 누가 있겠소? 다만 악인은 곱게 못 죽게 하는 것이 천명이오. 설마 내가 하늘을 돕지 악인을 돕겠소? 빨리 죽지 않으면 망나니를 부르겠소."

공손 흑은 할 수 없이 스스로 목을 매어 죽었다. 자산은 시신을 거리에 내놓고 그의 죄상이 적힌 목간木簡을 시신 위에 올려놓게 했다.[23]

이 사건은 형정을 주조하기 3년 전에 일어났다. 그러나 자산은 단순히 이 사건에 자극을 받아 정치 개혁을 벌인 것은 아니었다. 형정주조의 영향도 훨씬 더 깊고 광범위했다. 사실상 자산은 법가法家의 창시자이며 정나라도 법가의 발원지였을 가능성이 크다.[24] 또한 덕치

151

---

23 위의 일들은 『좌전』의 소공 원년과 2년의 기록 참고.

와 법치의 분리에 관한 논쟁은 공자부터 한비韓非까지 계속 이어지게
된다. 이 내용은 『이중톈 중국사6-백가쟁명』에서 자세히 논의될 것
이다.

24 판원란의 『중국통사』 참고.

노나라의
쿠데타

자산이 정치 개혁을 하던 때 노나라에서는 쿠데타가 진행 중이었다.

쿠데타의 쌍방은 자산이 죽은 지 5년 뒤에 교전을 벌였다. 그 결과, 정권은 겉으로는 전복되지 않았지만 실제로는 군주가 쫓겨났다. 그 때부터 7년 뒤, 새 군주가 즉위할 때까지 노나라에는 군주가 없었다. 사실 교전에 패해 제나라로 망명했던 노 소공이 중간에 돌아오긴 했지만 그저 허울뿐인 군주였다.

노나라의 군주는 그 전부터 허수아비에 불과했다.

그것은 한 번의 쿠데타로 빚어진 결과가 아니었다. 실제로 노나라 군주가 실권을 잃기까지는 주나라 왕이 권위를 잃은 것과 마찬가지로 오랜 세월이 걸렸다. 만약 이것도 쿠데타라고 한다면 이 쿠데타는 아주 느리게, 게다가 평화롭게 진행되었다. 안타깝게도 『춘추』와 『좌전』은 노나라의 역사서이기는 해도 자기 나라의 변고에 대해서는 자

153

세히 기술하지 않았기 때문에 우리는 몇몇 단편적인 기록에서 부분적인 내용을 알 수 있을 뿐이다.

그러면 노나라 군주의 실권은 누구의 손에 들어갔을까?

삼환三桓이었다.

이른바 '삼환'이란 세 가문의 대부 혹은 세 씨족과 씨실氏室(대부의 일가)을 뜻했다. 그 시조는 노 장공의 세 동생인 둘째 경보慶父, 셋째 숙아叔牙, 넷째 계우季友였으며 그 후손들은 다 공손이었기 때문에 항렬에 따라 맹손씨孟孫氏, 숙손씨叔孫氏, 계손씨季孫氏로 불렸다('맹'은 맏이를, '숙'은 셋째를, '계'는 막내를 뜻한다). 또한 모두 환공의 자식이어서 '삼환'이라 통칭했다.

삼환이 강했던 것은 체제와 연관이 있었다. 『이중톈 중국사3─창시자』에서 말했듯이 주나라의 천하는 주식회사와 유사했고 각 방국도 회사와 어느 정도 비슷했다. 천하는 모회사로서 사장은 천자, 이사장은 하늘이었다. 방국은 자회사로서 사장은 제후, 이사장은 천자였다. 그러나 이런 비유는 권한의 위임과 대행의 관계를 말해줄 뿐이다. 실제로 방국의 통치에 있어 제후는 이사장에 더 가까워서 직접 정무를 보는 일은 거의 없었다. 한 나라의 군주로서 그들의 주요 임무는 제사, 결맹結盟, 선전포고, 작위 수여처럼 예의와 예절에 관한 일에 편중되었다. 구체적인 국정과 군대 관련 사무는 경卿과 대부에게 맡겼다.

확실히 군주는 한 나라의 원수, 경과 대부는 정부의 수뇌였다. 그 **154**

래서 경과 대부가 강한 권세로 모든 것을 맡아 처리했다고 한다면 군주의 업무는 조상과 신에게 올리는 제사에 국한되었으니, 위 헌공衛憲公이 "정치는 영씨寧氏에게서 나오고 제사만 과인이 맡겠다政由寧氏, 祭則寡人"[25]라고 말한 것과 같았다. 경과 대부가 집권했던 위衛나라가 그랬고 훗날 삼국시대의 촉나라도 그랬다. 유비의 아들 유선劉禪도 "정치는 제갈량에게서 나오고 제사만 과인이 맡겠다"[26]라고 했다.

그러나 경과 대부의 집권에는 두 가지 관례가 있었다.

첫째, 정권을 공족公族에게 넘겼다. 공족은 공자와 공손, 즉 선대 군주의 아들과 손자를 포괄했다. 공자와 공손은 모두 공실 사람이어서 공족이라 불렸다. 공족 중 한 명이 군주가 되면 다른 사람들이 경과 대부를 맡아 공동으로 집권한 것을 '공족제'라 하고 노나라와 초나라가 이에 해당되었다.

둘째, 정권을 공족이 아닌 이에게 넘겼으니 제나라와 진晉나라가 그랬다. 제나라에서 지위가 가장 높고 권력이 가장 크며 대대로 경이었던 국자國子와 고자高子는 공족이 아니었으며 성도 강이나 희가 아니었다. 진나라는 헌공 때 모든 공족을 다 죽여 버린 탓에 헌공의 아들 문공 이후로 공족이 아닌 이들이 정권을 맡았다. 그런 이성異姓 귀족들이 장기간 집권하다 세습으로 바뀌면 경족卿族을 형성했다. 경족이 집권하던 제도를 '경족제'라고 해도 무방할 것이다.

155 노나라는 공족제를 시행했다. 어떤 학자는 노나라가 주공의 후예

---

25 이 말은 『좌전』 양공 29년에 나온다. 이것은 본래 망명 중이던 위 헌공이 귀국을 허락받기 위해 위나라 재상 영씨에게 내건 조건이었다.
26 진수陳壽, 『삼국지』「후주전後主傳」 배송襄松 주注의 『위략魏略』 인용 부분.

로서 주례를 준수하여 혈연관계와 등급제도의 관념을 중시했기 때문에 그랬다고 설명한다. 그러나 만이의 국가인 초나라도 역대로 군주의 자식인 공자가 영윤, 사마 등의 요직을 맡았던 것을 생각하면 꼭 그랬던 것 같지는 않다.

삼환은 오랫동안 노나라의 정권을 주물러온 공족이었다. 이번 쿠데타까지 그들은 희공, 문공, 선공, 성공, 양공, 소공에 이르는 6대 150여 년의 세월 동안 정권을 유지했다. 그 기나긴 과정에서 노나라의 국유 자산은 점차 그들의 소유가 되었으며 노나라의 정치권력도 점차 그들의 손에 쥐어졌다.

그러면 삼환은 또 어떤 일들을 했을까?

세무제稅畝制를 도입하고, 구갑제丘甲制를 실시하고, 삼군三軍을 만들고, 공실을 나누었다. 앞의 세 가지는 자산이 죽기 전의, 뒤의 한 가지는 자산이 죽은 뒤의 일이다.

이 네 가지는 경제, 군사, 정치 등 모든 분야와 관련이 있다. 세무제는 토지 면적에 따라 과세를 하는 제도이고 구갑제는 지방 말단 조직인 '구'마다 일정 수의 병력을 차출하는(병기도 징발한다) 제도다.[27] 구체적인 실행 방식은 알려져 있지 않지만 세무제는 백성들과 이익을 다투는 제도로 간주되었으며 구갑제는 제나라의 침략을 방지할 목적으로 마련되었다고 한다.[28] 따라서 이 제도들의 결과는 부국강병이었다고 단정할 수 있다.

---

27 세무제는 경제체제의 개혁이었고 구갑제는 군사체제의 개혁이었다. 이 개혁의 내용과 방식에 대해서는 학계의 의견이 일치하지 않는다. 그러나 세무제와 구갑제가 구체제의 붕괴를 낳은 것만은 확실하다. 특히 세무제의 실행은 정전제의 와해를 의미한다. 경제적 기초가 변하면서 상부구조도 변화가 불가피했다.

문제는 강성해진 노나라가 누구의 것이었느냐는 데 있다.

바로 삼환의 것이었다.

그래서 자산이 집권하기 19년 전에 노나라는 삼군을 만들었다. 노나라의 군대는 본래 2군 체제였다. 그런데 이제 삼군이 되었다고 해서 1군이 늘어난 것이 아니었다. 본래 공실에 속하고 군주가 지휘하던 2군을 해체해 재편한 것이었다. 새로 만든 3군은 계손씨, 숙손씨, 맹손씨가 각기 1군씩 관장했다. 그리고 모자란 병력과 전차는 삼환이 각자 보유한 사설 군대로부터 끌어와 보충했다. 이것은 표면적으로 보면 그들이 나라를 위해 공헌한 듯하지만 이 삼군의 편제와 지휘권은 세 가문의 수중에 있었다. 그래서 삼군은 노나라의 국군이 아니라 세 가문의 가군家軍이 돼버렸다. 이를 두고 『좌전』에서는 "공실을 삼분하여 각기 하나씩 가졌다三分公室而各有其一"라고 했다.[29]

25년 뒤, 그러니까 자산이 형정을 주조하기 1년 전, 삼환은 다시 공실을 나눠가졌다. 노나라의 국유 자산을 네 부분으로 나눠 두 부분은 계손씨가 갖고 나머지는 숙손씨와 맹손씨가 한 부분씩 가진 뒤, 세 가문에서 추렴해 군주에게도 극히 일부를 떼어주었다. 당당한 한 나라의 군주를 거지 취급한 것이다.[30]

이런 수모를 당했으니 군주도 더는 참을 수가 없었다. 노 소공 25년 (기원전 517) 9월 11일, 소공은 친병들을 지휘해 노나라 재상 계평자季平子의 관저를 습격했다. 미처 방비를 못한 계평자는 관저의 높은 누대

157

---

28 세무제는 노 선공 15년에 실시되었는데 『좌전』에서는 '예가 아니다非禮也'라고 평했다. 그리고 노 성공 원년의 구갑제 실시에 대해서는 "제나라의 침입에 대비하기 위해서였다爲齊難故"라고 했다.

29 『좌전』 양공 11년 참고.

30 『좌전』 소공 5년 참고.

에 올라가 소공을 향해 소리쳤다.

"청컨대 법정을 열어 소신을 재판해주십시오!"

소공이 승낙하지 않자 다시 소리쳤다.

"청컨대 소신의 채읍에 가서 칩거하며 반성하게 해주십시오!"

이번에도 소공이 승낙하지 않았지만 또 다시 소리쳤다.

"청컨대 몇 명의 친병을 데리고 외국으로 망명하게 해주십시오!"

소공은 역시 승낙하지 않았다. 세 번을 부탁하고도 성과를 못 얻었으니 체면이 말이 아니었다. 남은 것은 싸움뿐이었다.

문제는 당시의 삼환이 완전히 나라 안의 나라인 데 있었다. 숙손씨의 사마가 부하들에게 말했다.

"나는 가신이니 감히 나랏일은 생각지 못하겠다. 단지 한 가지만 묻자. 계손씨가 있는 것과 없는 것 중 어느 쪽이 우리 가문에 유리하겠느냐?"

부하들은 입을 몰아 말했다.

"계손씨가 없으면 숙손씨도 없습니다."

그래서 숙손씨의 친병들이 즉시 계평자를 구하러 나섰다. 맹손씨의 가신도 숙손씨의 깃발이 날리는 것을 보고서 주저 않고 소공이 보낸 사신을 죽인 뒤, 계평자를 구하러 갔다. 세 가문이 손을 잡았으니 소공이 상대가 될 리 없었다. 결국 패하여 달아나고 말았다.

이 쿠데타는 소공의 도주로 막을 내렸다.[31]

그것은 전형적인 예악 붕괴의 예였지만 삼환도 나중에 인과응보를 당했다. 그들이 군주에게 횡포를 부리자 그들의 가신도 똑같은 태도와 방식으로 그들을 대했다. 노 정공 5년(기원전 505), 그러니까 오왕 합려가 초나라 도성 영도에 입성한 그 다음 해에 계평자가 죽었다. 이때 계손씨의 가신 양호陽虎는 후계자 계환자季桓子를 연금하고 강제로 불리한 약속을 하게 하여 3년 넘게 직접 노나라의 국정을 관장했다.[32] 그리고 3년 뒤, 양호의 야심은 더 커졌다. 삼환의 대표자들을 처단하고 자신과 친구들이 그 자리를 대신하려는 음모를 꾸몄다.

이번에는 계환자가 노 소공의 처지가 되어 하극상이 무엇인지 몸소 체험했다.

양호의 계획은 계환자를 연회에 초대해 연회석상에서 살해하는 것이었다. 그래서 양호의 수레가 앞에 가고 그의 사촌동생 양월陽越이 맨 뒤에서 따라가며 계환자를 그 사이에 두었다. 계환자는 심상치 않은 느낌이 들어 자신의 수레를 몰던 임초林楚에게 말했다.

"자네의 조상들은 대대로 우리 계씨의 총신이었으니 자네도 그 전통을 이었으면 하네."

임초가 답했다.

"늦었습니다. 양호가 이미 득세했습니다."

"늦긴 뭘 늦었다고 그러나? 늦지 않았네. 자네는 지금 나를 맹손씨의 집에 데려다줄 수 있겠나?"

---

31 『좌전』 소공 25년 참고.
32 『좌전』 정공 5년 참고.

"소신이 감히 삶을 탐하겠습니까? 다만 일에 도움이 못 될까 두려울 따름입니다."

계환자가 소리쳤다.

"그러면 어서 가세!"

그래서 임초는 쏜살같이 수레를 몰아 맹손씨의 집으로 갔다. 이후 맹손씨의 도움을 받아 계환자는 목숨을 건졌고 정권도 다시 삼환의 수중으로 돌아갔다.[33] 삼환은 어쨌든 공족이었으므로 노나라 군주의 체면은 억지로라도 살려주려 했다. 그러나 춘추 시대 노나라의 마지막 군주 애공도 역시 월나라로 도망쳐 구천에게 자신의 보호자가 돼주기를 청했다.[34]

흥미로운 것은 여론이었다.

노 소공이 외국에서 죽은 뒤, 어떤 사람이 진晉나라의 사관 사묵史墨에게 이를 어떻게 생각하는지 물었다. 사묵의 대답은 놀라웠다.

"그게 무슨 큰일이라고. 사직에 제사를 올리는 자가 꼭 특정한 성, 특정한 족속이어야 한다는 법이 어디 있나. 군신의 관계도 언제까지나 변하지 않을 리가 없고 말이야. 예로부터 늘 이랬네!"[35]

이 논리에 따르면 신하가 군주를 바꾸는 것도 가능하지 않은가?

바로 그랬다. 제나라와 진晉나라가 그러했다.

---

33 『좌전』 정공 8년 참고.
34 『좌전』 애공 27년 참고.
35 이 말은 『좌전·소공 32년에 나온다.

전진씨가
제나라를 이어받다

제나라의 정권을 탈취한 세력은 전진씨田陳氏였다.

  제나라도 본래 만이였다. 그들의 시조는 성이 강이고 이민족 강융
羌戎에 속했다. 단지 주나라와 관계가 밀접해 대대로 통혼을 하여 화
하의 일원이 되었을 뿐이다. 제나라가 책봉된 지역도 동이의 땅인 데
다 상나라의 옛 근거지였다. 이곳에 온 강태공은 주공의 아들 백금이
노나라에 가서 "그곳의 풍속과 예의를 바꾼變其俗, 革其禮"것과 달리 "그
곳의 풍속에 따라 예의를 간소화因其俗, 簡其禮"하고 "상공업에 통달하
여 생선과 소금으로 이익을 거두는 것을 편리하게 했다通商工之業, 便魚
鹽之利." 다시 말해 강태공은 그 지역의 구체적인 실정에 맞게 서융, 동
이, 상나라(공업), 주나라(농업)의 각기 다른 문화를 결합하여 독특한
발전 노선을 걸었던 것이다.

161   이것이 바로 제나라가 대국으로 부상할 수 있었던 비결이다.[36]

---

36 『사기』의 「제태공세가齊太公世家」와 「노주공세가魯周公世家」 참고. 당시 주공은 노나라가 훗날
제나라를 섬기게 될 것이라고 탄식했다고 한다.

그래서 제나라와 노나라는 비록 이웃이기는 했지만 전통과 분위기가 서로 판이하게 달랐다. 노나라는 공족제를 시행했지만 제나라는 경족제를 시행했다. 나중에 제나라 군주의 지위를 빼앗은 세력은 경족인 전진씨였다.

전진씨의 시조는 이름이 완完이며 본래 진陳나라의 공자였다. 국내의 난을 피해 제 환공에게 도망쳐온 그는 제나라에 뿌리를 내리고 진陳씨라 했지만 전田씨로도 불렸다. 진과 전은 당시에 발음이 같아서 차이가 없었다. 다만 춘추 시대에는 진으로, 전국 시대에는 전으로 불렸을 뿐이다. 또한『좌전』에서는 진으로,『사기』에서는 전이라 했으니 전진씨라 불러도 무방할 것이다.

그러면 전진씨는 어떻게 제나라의 군주가 되었을까?

평화로운 방식으로 되었다.

노나라의 사례처럼 역시 쿠데타이기는 했지만 삼환이 공적 자산을 사유화한 것과는 달리 전진씨는 민심을 매수했다. 이 일은 적어도 제 경공景公 시대부터 시작되었다. 제 경공은 탐욕스러운 자였다. 당시 제나라 백성들은 자기 수입의 3분의 2를 나라에 바쳐야 했다. 그래서 경공의 국고에는 양식이 넘쳐나 벌레가 들끓었고 피복도 산더미처럼 쌓여 곰팡이가 필 정도였다. 반면에 백성들은 배를 곯고 헐벗어서 길거리에 쓰러져 죽어갔다. 아울러 제나라는 형법이 너무 가혹해서 백성들은 걸핏하면 발과 다리를 잘렸다. 오죽하면 시장에서 신발 대신

의족이 불티나게 팔릴 정도였다.

전진씨 가문은 제 경공과는 정반대의 행보를 보였다. 백성들에게 양곡을 꿔줄 때는 특별히 만든 큰 용기를 사용했고 꿔준 양곡을 돌려받을 때는 법으로 정해진 작은 용기를 사용했다. 그리고 산의 목재와 바다의 생선, 소금을 살 때는 부르는 대로 값을 쳐주었다. 만약 어려운 가정이 있으면 아낌없이 도와주기도 했다. 그래서 제나라 백성들은 전진씨 가문을 "부모처럼 사랑하고 흐르는 물처럼 따랐다愛之如父母, 而歸之如流水."전진씨는 제나라에서 그야말로 구세주나 다름없었다.

그래서 제 경공 9년(기원전 539), 진晉나라에 사신으로 간 제나라 정치가 안영晏嬰은 진나라의 정치가 숙향에게 다음과 같이 말했다.

"군주가 백성들을 버려 그들은 전진씨에게 갈 수밖에 없습니다. 앞으로 전진씨가 나라를 차지할지는 잘 모르겠지만 우리 진나라가 이미 말세인 것만은 틀림없습니다."[37]

그런데 제 경공은 이에 대해 그다지 경각심이 없었던 것 같다. 반대로 전진씨의 5대 가주 진환자陳桓子가 안영의 건의에 따라 내란을 통해 얻은 재산 전부를 나라에 헌납했다. 아울러 외국으로 망명했던 공족들을 불러들여 봉록을 올려주고 채읍을 주는 한편, 작위가 없는 공자와 공손에게 사적으로 전답을 나눠주고 오갈 데 없는 빈민들에게도 양식을 돌렸다.

전진씨는 민심을 크게 얻었다.[38]

---

37 『좌전』 소공 3년 참고.
38 『좌전』 소공 10년 참고.

제 경공은 마침내 뭔가 문제가 있다고 느끼기 시작했다. 언젠가 안영과 이야기하는 자리에서 그는 이런 말을 했다.

"과인의 높고 화려한 궁궐이 훗날 누구 것이 될지 모르겠군."

안영이 말했다.

"전진씨의 것이 되지 않을까요? 전진씨는 그리 큰 공덕을 쌓지는 않았지만 백성들은 그들의 은혜에 감지덕지하고 있습니다."

경공이 물었다.

"무슨 방법이 없겠는가?"

"있습니다. 그것은 예치입니다. 군주는 명하고 신하는 직분을 다하고, 부모는 자애롭고 자식은 효성스럽고, 형은 사랑하고 동생은 공경하고, 남편은 온화하고 아내는 부드럽고, 시어머니는 자상하고 며느리는 순종하는 것이 바로 예입니다."

경공은 말했다.

"예로 능히 나라를 다스릴 수 있음을 알겠네."[39]

사실 공자도 이와 똑같은 이야기를 한 적이 있었다. 경공과 안영의 이 대화가 있기 1년 전, 노 소공이 계손씨를 토벌하려다 패해 도망친 직후에 공자도 제나라에 가서 제 경공을 만났다. 그때 제 경공이 정치에 관해 묻자 공자는 이렇게 답했다.

"군주는 군주다워야 하고, 신하는 신하다워야 하고, 부모는 부모다워야 하고, 자식은 자식다워야 합니다. 각자 예의를 지키고 규범을 **164**

준수하면 천하가 태평해질 겁니다."

안타깝게도 공자의 말은 통하지 않았다. 사실 공자가 제나라에서 예치를 행하는 것을 방해한 인물은 다름 아닌 안영이었다. 안영은 경공에게 말했다.

"왕실이 쇠퇴하여 구할 수 없게 되었고 예악이 붕괴한 지도 오래되었습니다. 공구孔丘의 그 수법은 쓸모가 없습니다."

공자는 어쩔 수 없이 돌아가야만 했다.[40]

안영이 왜 공자에게 반대했는지는 사람마다 견해가 다를 수 있다. 그러나 그가 예악의 붕괴가 이미 오래되어 돌이킬 수 없다고 한 것은 사실이었다. 그래서 지혜로운 안영조차 강대해지는 전진씨를 막지 못한 채 하늘의 뜻을 따를 수밖에 없었다. 또한 그래서 그는 제나라의 정치 투쟁에서 중립을 지키고 모든 쿠데타에 대해 찬성도, 반대도, 참여도 하지 않다가 결국 천수를 다하고 죽었다.

강대해진 전진씨는 날로 정치 참여의 폭을 확대했다. 경공이 죽은 뒤, 그들은 우선 제나라 최대의 두 경족인 국자와 고자를 제거했고, 다음에는 군주의 폐위와 옹립을 통해 제나라의 대권을 장악했다. 제 도공과 평공平公은 그들이 옹립한 군주였으며 간공簡公은 그들이 죽인 군주였다. 도공을 옹립한 사람은 전진씨의 6대 가주 희자僖子였고 간공을 죽이고 평공을 옹립한 사람은 7대 가주 성자成子였다.

성자는 자신의 조상들처럼 정치적인 재능이 뛰어났다. 그는 제 평

---

40 이상은 『사기』 「공자세가」 참고.

공에게 말했다.

"상은 좋아하고 벌은 싫어하는 게 인지상정입니다. 그러니 상을 주는 좋은 일은 군주께서 맡으시고 벌을 주는 나쁜 일은 소신이 맡기로 하지요."

평공은 명예는 자신에게, 악명은 성자에게 돌아갈 것으로 생각하고 흔쾌히 동의했다. 하지만 그가 생각지 못한 것이 있었다. 물론 상을 좋아하기는 하지만 벌을 싫어하는 것을 넘어 무서워하는 것 역시 인지상정이다. 벌을 주는 권한이 성자의 몫이 되자 사람들은 평공이 아니라 성자를 두려워하게 되었다.

더구나 죽이고 살릴 권한이 생기자 주고 **빼앗을** 수도 있게 되었다. 그래서 성자는 모든 정적을 제거하고 제나라의 토지 수입 대부분을 차지했다. 그가 가진 채읍의 면적은 평공이 다스리던 국토보다 훨씬 넓었다. 그리하여 전진씨의 10대 가주 전화田和가 재상이 되었을 때는 전진씨가 제나라의 새 주인이 되기 위한 수속이 딱 한 가지밖에 남아 있지 않았다.

기원전 386년, 주나라 왕은 전화를 제후로 책봉했다. 7년 뒤에는 겨우 성읍 하나를 갖고 있던 제 강왕康王이 죽음으로써 본래의 제나라는 완전히 멸망했다. 그 후의 제나라, 즉 전국 시대의 제나라는 성이 강이 아니라 진 혹은 전이었다.[41]

---

41 이상은 『사기』 「전경중완세가田敬仲完世家」 참고.

세 가문이
진나라를 나눠 갖다

제나라가 성이 바뀌기 전에 진晉나라가 먼저 없어졌다.

성이 강인 제나라와 달리 진나라는 성이 희로서 주나라와 정통성을 공유했다. 그들의 초대 군주는 주 성왕의 동생 당숙우唐叔虞였다. 춘추 시대 전반기 내내 진나라인은 화하의 정통성을 대표하며 동이(제나라), 서융(진秦나라), 남만(초나라), 북적(적족狄族의 각 부락국가)에 맞서 존왕양이를 실천하고 천하를 안정시켰다. 만약 진나라가 없었다면 화하문명은 진즉에 멸망하여 중국사도 새롭게 씌어졌을 것이다.

그러나 주나라, 노나라, 정나라, 위나라처럼 성이 희인 나라들에 비해, 심지어 송나라에 비해서도 진나라는 융적에 더 가까웠다. 그들의 봉지는 본래 융적의 유목 지역이었으며 건국 초에 실행한 토지 정책도 주나라의 제도가 아니라 적족의 제도였다.[42] 나중에 그들은 오랫동안 적족을 토벌해 정복하긴 했지만 그 과정에서 반쯤 융적으로

167

---

[42] 『좌전』 정공 4년에 따르면 서주가 처음 봉건제도를 실시할 때, 노나라와 위나라의 정책은 모두 "상나라의 정치를 이어받고 주나라의 법칙에 따라 토지를 나누는啓以商政, 疆以周索" 것이었고 진나라의 정책은 "하나라(부락국가 시대)의 정치를 이어받고 융적의 법칙에 따라 토지를 나누는啓以夏政, 疆以戎索" 것이었다고 한다.

동화되어 버렸다. 진나라가 패업을 이루고 장기간 패권을 유지할 수 있었던 것은 아마도 그들에게 융적의 혈기가 깃들어 있었기 때문일 것이다.

진나라는 혈기왕성한 나라였다.

그런 탓에 진나라는 일찍 혼란을 겪었다. 춘추 시대 전에 나라에 도읍이 둘인 사태가 벌어졌다. 하나는 익翼(강絳이라고도 했으며 지금의 산시山西 성 이청翼城), 또 하나는 곡옥曲沃(지금의 산시山西 성 원시聞喜)이었다.[43] 그리고 두 도읍에 또 두 군주가 있었으니 한쪽은 목후穆侯의 적자 문후文侯와 그의 후손이었고 다른 한쪽은 문후의 동생 환숙桓叔과 그의 후손, 즉 장백莊伯과 무공武公이었다. 전자는 확실히 적자의 혈통이어서 정통성이 있었지만 후자는 아니었다. 그러나 환숙이 분봉을 받았을 때 그의 봉지인 곡옥은 도읍인 익보다 컸고 60, 70년 후 진나라의 혈통은 적자가 아닌 그의 것으로 바뀌었다.

아마도 이런 역사의 교훈이 있었기에 춘추 시대 이후의 진나라는 더 이상 공족을 신뢰하지 않았던 것 같다. 진 헌공은 심지어 환숙과 장백의 후손을 깡그리 말살하여 분란의 소지를 없앴다. 헌공 자신의 자식들도 죽거나 도망쳤다. 그래서 혜공과 문공 이후 진나라의 집권자들은 모두 이성異姓 귀족들이었다.

그렇게 되어 진나라는 안정되었을까?

그렇지 않았다.

168

---

43 진나라는 서주의 가장 오래된 제후국 중 하나로서 초대 군주는 주 성왕의 동생 당숙우였으며 첫 봉지는 당唐(지금의 산시 성 타이위안)이었지만 나중에 진으로 개명했다. 성후成侯 때 곡옥으로 천도하고 목후 때 강(익)으로 천도했으며 경공 때 신전新田(지금의 산시 성 허우마侯馬)으로 천도했다. 신전은 역시 강으로 불렸고 이전의 강은 고강故絳으로 불렸다.

이성 귀족이 강한 권력을 갖고 경의 작위를 세습하면서 경족이 형성되었다. 경족은 군주와 성이 다르긴 해도 공족 못지않게 공실에 위협이 되었다. 진 영공은 조순趙盾의 사촌동생 조천趙穿에게, 진 여공厲公은 난서欒書와 중항中行에게 살해당했다. 그래서 여공에 이어 군주가 된 진 도공은 즉위 전에 이 이성 귀족들에게 약속을 받아내야 했다.

난서가 지앵知罃과 사방士魴을 보내 귀국시킨 도공은 그때 겨우 14세였다. 도공은 말했다.

"한 나라에 군주가 필요한 까닭은 명령을 내릴 사람이 있어야 하기 때문이오. 만약 군주를 세우고도 명령에 따르지 않을 거면 무엇 하러 군주를 세우겠소? 내가 필요한지, 또 내 명령에 따를 것인지 오늘 이 자리에서 말해주시오."

그래서 평소에 전횡을 일삼던 이성 귀족들은 입을 모아 말했다.

"그것은 소신들이 바라던 바입니다. 어찌 명에 복종하지 않겠습니까!"**44**

진 도공은 실로 식견과 기개가 남다른 인물이었다.

그러나 진 도공도 경족이 날로 발호하는 추세를 막지는 못했다. 실제로 도공의 시대부터 경족의 힘은 훨씬 더 강해졌다. 집권 세력에 속한 이성 귀족의 숫자는 본래의 십여 가문에서 여섯 개 가문만 남았다. 그들은 조씨趙氏, 범씨范氏, 중항씨中行氏, 지씨知氏, 위씨魏氏, 한씨韓氏였고 일명 육경六卿이라 불렸다. 육경 중에서 지위가 가장 높은 인물

169

---

44 『좌전』 성공 18년과 『국어』 「진어칠晉語七」 참고.

은 정경正卿, 즉 수석 집행관이었다. 이 수석 집행관은 동시에 중군中軍의 사령관을 겸임했다. 그는 전시에는 전군의 원수였고 평상시에는 전국의 수상이었으므로 군정軍政의 대권을 독차지했다고 할 수 있다. 도공 이후 100년 간 이 자리는 육경이 돌아가며 차지했다.

확실히 경족의 형성 과정은 권력 집중의 과정이기도 했다. 십여 가문의 이성 귀족 중 육경만 남은 것은 그들의 첫 번째 토너먼트였다.

훗날 대세로 떠오른 조씨도 이 첫 번째 토너먼트에서 하마터면 탈락할 뻔했다. 노 성공 8년(기원전 583), 그러니까 초나라 대부 무신이 오나라에 사신으로 간 뒤 그 이듬해에 진 경공은 중상모략을 곧이듣고 군대를 보내 조씨 가문을 거의 멸족시켰다. 다만 한궐韓厥이 나서 사정을 한 덕에 조삭趙朔의 아들 조무趙武가 겨우 살아남아 다시 책봉을 받았다.[45] 훗날 조무는 조상의 위업을 회복했을 뿐만 아니라 조씨 가문을 경족들 중 가장 강대한 일파로 발전시켰다. 그래서 그는 사후에 '문文'이라는 시호를 받았다.

그러나 조씨의 재난은 여기에서 그치지 않았다.

노 정공 13년(기원전 497), 그러니까 오나라와 월나라의 취리 전투가 있기 1년 전, 범씨와 중항씨가 조씨의 내분을 틈타 병사를 일으켜 조씨를 공격했다. 당시 조씨의 가주였던 조무의 손자 조앙趙鞅(조간자趙簡子)은 진양晉陽(지금의 산시 성 타이위안에 위치)으로 도망쳐 고립되었다. 하지만 다행히 지씨, 한씨, 위씨, 세 가문이 조씨의 편을 들어 가까스로

170

45 『좌전』 성공 8년 참고.

반격해 승리할 수 있었다. 패배한 범씨와 중항씨는 조가朝歌(지금의 허난성 치淇 현)로 도망쳤다.[46]

그 뒤로는 한바탕 국제적인 혼전이 벌어졌다. 제나라, 노나라, 위나라, 송나라, 정나라, 선우鮮虞가 범씨, 중항씨와 동맹을 맺었고 노나라에서 도망쳐온 양호는 조앙의 조력자가 되었다. 노 애공 2년(기원전 493), 다시 말해 오왕 부차가 월나라를 토벌한 뒤 그 이듬해 제나라는 범씨와 중항씨에게 군량미를 보내면서 정나라를 시켜 병사들을 동원해 그것을 호송하게 했다. 이때 조앙은 부하들에게 이렇게 말했다.

"이번 일에 성패가 달렸다. 적에게 이기면 상대부에게는 현縣을, 하대부에게는 군郡을, 사士에게는 전답 1000무를 줄 것이며 서인庶人과 상인과 공인은 관리가, 노예는 자유의 몸이 되게 해줄 것이다."[47]

이 전투에서 조씨의 군대는 대승을 거뒀다. 그래서 조앙은 큰 짐을 내려놓은 듯 "이제 되었다"라고 말했다. 2차 토너먼트의 결과로 범씨와 중항씨의 탈락이 거의 확실해졌기 때문이다. 그러나 조앙의 한 부하가 딴죽을 걸었다.

"어떻게 되었다고 하십니까? 아직 지백智伯이 있지 않습니까?"[48]

그렇다. 아직 지백이 남아 있었다.

과연 30년 뒤, 지백이 3차 토너먼트의 막을 올렸다. 지백은 지씨 씨족의 가주였으며 당시 지양자知襄子 혹은 순요荀瑤라고도 불렸다. 조씨, 위씨, 한씨 세 가문의 가주는 각각 조양자(조무휼), 위환자魏桓子, 한강

---

46 『좌전』 정공 13년 참고.
47 춘추 시대에는 현이 군보다 컸고 전국 시대와 그 이후에는 군이 현보다 컸다.
48 『좌전』 애공 3년 참고.

자韓康子였다. 범씨와 중항씨가 망했을 때 네 가문은 그들의 기반을 나눠가졌다. 그런데 지씨가 자신의 몫이 가장 컸는데도 불구하고 계속 다른 세 가문에게 더 내놓을 것을 요구했다. 한씨와 위씨는 할 수 없이 땅을 떼어주었다. 그러나 조양자는 한치도 물러서지 않았다. 이에 지백은 한씨 위씨와 손잡고 조씨를 공격해 진양을 포위했다. 그리고 분수汾水의 물길을 성 쪽으로 돌려서 6자만 더 수위가 오르면 성 전체가 수몰될 지경이 되게 했다. 진양 성 안에서는 과거에 초 장왕에게 포위되었던 송나라 도성에서처럼 백성들이 서로 자식을 바꿔 잡아먹는 참상이 벌어졌다.

조씨는 벼랑 끝에 몰렸다.

그러나 하늘은 조씨가 망하게 내버려두지 않았다. 한강자와 위환자는 지백이 조양자를 멸하면 그 다음에는 자신들이 조양자의 처지가 될 것임을 잘 알고 있었다. 그래서 가장 중요할 때 조양자와 연합해 지백에게 반격을 가했다. 지백은 전투에 패하고 자신도 목숨을 잃었다. 조양자는 분을 풀기 위해 지백의 두개골로 술 주전자 혹은 요강을 만들었다. 이 일로 인해 지백의 가신 예양豫讓은 목숨을 걸고 복수에 나서는데, 이 이야기는 『이중톈 중국사4-청춘지』의 앞부분에서 선보인 바 있다.

지씨가 탈락한 뒤, 조씨, 위씨, 한씨는 그의 기반을 나눠 갖고 '삼진三晉'이라 불렸다. 삼진의 세력은 불쌍한 진나라 군주보다 월등하게 컸

다. 그들이 대부에서 제후로 변신하기까지는 이제 한 가지 수속만 남아 있었다.[49]

진나라가 멸망하고 전국 시대가 시작되는 것에도 한 가지 수속만 남아 있었다.

173

49 『사기』 「조세가趙世家」 참고.

여관 주인은 상앙에게 말했다.
"상군께서 규정하시길 투숙객이 통행증과 신분증을 못 보여주면
무슨 벌이든 감수해야 하고 여관 주인도 똑같이 그래야만 한다고 했습니다."
모함을 받아 도망쳐온 상앙은 길게 탄식하며 말했다.
"내 변법의 병폐가 이 정도인 줄은 몰랐다!"

세상의 도가
변하다

세 가문이 지씨를 멸하면서 전국 시대가 시작되었다.

전국 시대는 보통 춘추 시대의 연속 혹은 춘추 시대와 같은 시대로 간주되어 춘추전국 시대로 불리곤 한다. 이것은 사실 커다란 오해다. 실제로 춘추 시대와 전국 시대는 각기 다른 시대이며 중간에 수십 년의 간극이 있다. 다만 사료의 부족으로 인해 그 수십 년의 상황이 잘 밝혀지지 못했을 뿐이다. 그러나 춘추 시대와 전국 시대는 확실히 남자와 여자만큼이나 서로 다르다. 물론 남자나 여자나 모두 인간이기는 하지만.

전쟁을 예로 들어보자.

전쟁은 두 시대에 다 있었지만 성격과 방식이 완전히 달랐다. 춘추 시대의 전쟁은 스포츠 경기와 흡사해서 외교적인 예의와 게임의 규칙을 중시했다. 이미 앞 권에서 언급했듯이 사신을 죽이지 않고, 부상 **176**

자에게 거듭 상처를 입히지 않고, 상대가 진용을 다 갖추기 전까지는 공격하지 않고, 도망치는 상대를 쫓지 않고, 나이 많은 병사는 포로로 잡지 않고 돌려보냈다. 제후들이 전쟁을 하는 목적은 주로 무력을 과시해 상대의 기를 꺾고 동맹을 만들어 패주가 되는 것이었다. 부를 약탈하고 세력을 확장하는 것은 가장 비열한 동기로 간주되었다. 물론 그런 예도 적지 않았다. 춘추 시대 초기에 100개가 넘던 나라들이 말기에 이르러 20여 개만 남은 것이 그 증거이다.

춘추 시대의 가장 비열한 짓은 초 문왕文王이 자행했다. 그 일은 노 장공 10년부터 15년 사이에 벌어졌고 관련된 나라들은 진陳나라(지금의 허난 성 화이양淮陽), 채나라, 식나라였다. 당시 진나라의 공주가 식나라로 시집을 가면서 채나라를 지나가게 됐다. 마침 채 애후哀侯의 부인도 진나라의 공주여서 자연히 주인으로서 후한 대접을 했다. 그런데 곧 식나라 군주의 부인이 될 그 공주는 실로 너무나 아름다웠다. 채 애후는 보자마자 제정신을 잃고 매우 경박한 행동거지를 보였다. 이 소식을 들은 식나라 군주는 대로하지 않을 수 없었다. 당장 이 사안을 초 문왕에게 고발했다. 초 문왕은 고발을 받아들여 실제로 채나라를 토벌하고 채 애후를 포로로 삼았다. 그러나 채 애후도 가만히 있지 않았다. 복수를 하기 위해 초 문왕에게 식부인을 빼앗으라고 꼬드겼다. 초 문왕은 채 애후의 얘기를 듣고서 뜻밖에도 정말 식나라를 멸하고 식부인을 자기 여자로 삼았다.

그것은 만이의 행실이었다.

초 문왕의 여인이 된 식부인은 나중에 문文 부인으로 불렸다. 그녀는 초 문왕에게 아들 둘을 낳아주었는데 그 중 한 명이 초 성왕이었다. 그런데 오랜 세월 동안 이 미녀는 자기가 먼저 입을 여는 법이 없었다. 초 문왕이 왜 그러느냐고 묻자 그녀는 말했다.

"한 여자로서 두 지아비를 섬겼으니 무슨 할 말이 있겠습니까?"

초 문왕은 꿀 먹은 벙어리가 되었다. 그러고는 채나라를 또 공격해 화풀이를 했다.[1]

그러나 초나라 군주쯤 되면 땅과 돈과 여자는 보통 쉽게 빼앗을 수 있었다. 그런 까닭에 때로는 이미 빼앗은 땅과 백성을 돌려주기도 했다. 심지어 열병만으로 전투를 대신한 적도 있었다. 제나라와의 소릉 전투에서도 실전은 없었으며 초 장왕은 진陳나라를 격파하고도 멸하지는 않았다. 물론 장왕은 본래 진나라를 초나라에 편입시킬 생각이었지만 한 대신의 권고에 따라 진나라인에게 돌려주었다. 나아가 그는 진나라에서 데려온 하희도 자기 여자로 삼지 않았다. 그녀라면 식부인 이상으로 섹시했을 텐데도.[2]

그때 초나라는 이미 화하로 변한 상태였던 것이다.

사와 대부가 전쟁에 나가는 목적은, 춘추 시대에는 주로 나라와 개인의 명예를 위해서였다. 그래서 『좌전』을 보면 "차라리 죽을지언정 모욕은 당하지 않는다"는 식의 이야기가 일관되게 나오는 반면, 삶을

---

1 『좌전』의 장공 10년과 14년의 기록 참고.
2 『좌전』 선공 11년 참고.

탐해 전장에서 도망치는 이야기는 전무하다. 물론 춘추 시대 말기에
두 겁쟁이가 나타나기는 했다. 한 명은 조무의 손자 조라趙羅, 또 한
명은 위나라 태자 괴외蒯聵였다. 당시 조앙이 군대를 파견해 범씨와
중항씨에게서 군량미를 가져가던 정나라군을 막을 때, 이 두 사람과
노나라의 양호가 다 참전했다. 조라는 단독으로 전차를 몰았으며 괴
외는 조앙의 전차에서 거우車右(고대 전차에서는 수레를 모는 어자御者는 가운
데에, 지휘관은 북을 갖고 왼쪽에, 그를 호위하는 용사인 거우는 오른쪽에 섰다)를
맡았다. 그런데 양호는 용맹하게 싸운 반면, 그 두 사람은 겁에 질려
정신을 못 차렸다. 심지어 괴외는 놀란 나머지 전차에서 뛰어내렸다.
이를 본 어자가 급히 밧줄로 끌어올리기는 했지만 괴외는 아녀자 같
다는 비난을 감수해야 했다.

그러나 괴외는 다시 전차에 오른 뒤부터 빼어난 활약을 선보였다.
부상당한 조앙을 구했을 뿐더러 조앙 대신 전투를 지휘하여 군량미
1000수레를 노획했다. 그래서 전투가 끝난 후 논공행상을 할 때, 괴
외는 자신이 거우들 중에서 가장 큰 공을 세웠다고 주장했다. 이때
조앙의 어자도 나서서 말했다.

"말의 복대가 끊어질 지경인데도 전차를 잘 몰았으니 어자들 중에
서는 제 공이 가장 큽니다."

자신의 주장을 증명하기 위해 그 어자는 빈 전차에 나무를 싣고
말을 몰았고 그 즉시 말의 복대가 끊어졌다.[3]

춘추 시대의 전쟁은 이랬다.

확실히 그 당시에 전쟁은 영예롭고 떳떳한 일이면서 군자의 일이기도 했다. 그래서 피를 흘리면서도 피를 즐기지는 않았고 피 끓는 기개를 보이면서도 피비린내를 풍기지는 않았다. 성복대전처럼 큰 전쟁도 겨우 하루를 끌었다. 일단 승부가 나면 각자 알아서 병력을 거뒀다. 결코 대량살상을 하지 않았다. 월왕 구천이 3년이나 오나라 도성을 포위한 것은 만이의 기질과 전국 시대의 징후가 동시에 드러난 사건으로서 정인군자들에게 비난을 받을 만했다.

그러나 전국 시대에는 일단 전쟁이 터지면 몇 달을 끄는 것도, 만명 넘게 사람을 죽이는 것도 지극히 정상이었다. 예를 들어 진秦나라는 헌공부터 영정嬴政(훗날의 진시황) 때까지 15차례나 대규모 전쟁을 치르면서 적군을 무려 102만 8000명이나 죽였다. 그 중 가장 처참했던 사건은 진나라 장수 백기白起가 이궐伊闕 전투에서 24만 명의 목을 자르고 장평長平 전투에서 포로 4만 명을 산 채로 매장한 것이었다.[4] 성을 점령한 뒤, 주민들을 도살하는 야만적 행위 역시 전국 시대에 처음 생겨났다.[5]

세상의 도가 변했다. 새로운 시대가 이미 시작된 것이다.

3 『좌전』 애공 2년 참고.
4 『사기』의 「진본기秦本紀」와 「진시황본기」에 근거하고 레이하이쭝雷海宗의 『중국 문화와 중국의 전쟁中國文化與中國的兵』 참고.
5 『순자』 「의병議兵」 참고. 순자는 점령한 성의 주민들을 학살하는 것에 반대했다. 하지만 그가 반대한 것 자체가 당시 그런 일이 이미 있었음을 말해준다.

천자가
사라지다

새 시대의 시작에 날인을 한 인물은 주 위열왕威烈王이었다.

기원전 403년, 위열왕은 명을 내려 진나라에 조적趙籍, 위사魏斯, 한
건韓虔을 제후로 책봉했다. 본래의 진나라 군주도 지위를 유지했지만
영토는 강과 곡옥뿐이었다. 나머지 영토는 모두 조나라, 위나라, 한
나라에 편입되었다.[6]

춘추 시대 최고의 패권 대국은 이렇게 사라졌다.

새로운 세 나라는 분열을 통해 탄생했다.

주 위열왕이 당시 어떤 생각을 했는지는 아무도 모른다. 예악이 붕
괴된 그 말세에 아직도 자신에게 제후를 책봉할 수 있는 권력이 있다
는 사실에 남몰래 기뻐했는지도 모른다. 그러나 그 책봉이 과거에 제
나라와 노나라를 책봉하고 또 그 다음에 정나라와 진秦나라를 책봉
한 것과는 완전히 다르다는 것을 그가 몰랐을 리는 없다. 과거에 천

181

---

6 조적은 조양자의 질손侄孫(형제의 손자)이었고 위사는 위환자의 손자였으며 한건은 한강자의 손
자였다.

자는 자기가 마음에 드는 인물을 책봉할 수 있었지만 이제는 남이 시키는 대로 책봉해야만 했다.

사실 조, 위, 한뿐만 아니라 천하가 다 옛날과는 판이하게 달랐다. 우리는 세계에 두 가지 유형의 국가가 있었음을 알고 있다. 하나는 도시에 주변의 농촌이 합쳐진 '도시국가'[7]이며 다른 하나는 중심 도시(수도)에 수많은 도시와 방대한 농촌이 합쳐진 '영토국가'다. 춘추 시대에는 이 두 가지 국가가 병존했다. 패권국들은 영토국가였고 나중에 그들에게 병합된 소국들은 도시국가였다.

전국 시대에도 그런 소국들이 있었을까?

없었다. 영토국가인 전국칠웅戰國七雄만 존재했다. 그들이 천하를 주무르기 시작하면서 그런 작은 도시국가들뿐만 아니라 중간 크기의 영토국가들도 합병되거나 위성국가가 되었다. 예컨대 정나라는 한나라에게 멸망당했고 위衛나라는 꼭두각시 국가가 되었다.

더 중요한 것은 주권이었다.

서주 시대의 나라들은 독립적인 주권이 없었다. 예악에 따라 정벌은 오직 천자만 행할 수 있었다. 그리고 춘추 시대의 나라들은 '반半독립적인' 주권을 가졌다. 제후들은 자유롭게 세금을 걷고, 병력을 늘리고, 전쟁을 선포하고, 강화조약을 맺고, 동맹을 체결하고, 심지어 소국을 합병하고 천자를 압박하기까지 했다. 왕실은 안중에도 없었던 것이다. 마찬가지로 노나라의 삼환과 진나라의 육경처럼 강력한 **182**

---

7 초나라 영윤 자서는 초나라가 서주 시대에 분봉을 받았을 때 국토의 면적이 겨우 사방 50리에 불과했다고 말했다. 『사기』「공자세가」 참고.

씨실도 공공연히 제후의 공실을 무시하고 멋대로 세금을 걷고, 병력을 늘리고, 전쟁을 선포하고, 강화조약을 맺고, 동맹을 체결하고, 다른 씨족을 합병했다. 그들은 독립적인 국가나 다름없었다. 노나라, 진나라, 제나라의 군주들은 유명무실했다.

당시의 천자도 유명무실하기는 마찬가지였다.

물론 여전히 명분은 중요했다. 부부가 이혼을 하거나 부동산의 명의를 바꿀 때는 어쨌든 수속이 필요한 법이다. 그래서 세 가문이 진나라를 나눠 갖고 전진씨가 제나라를 차지할 때도 주나라 왕의 인가가 필요했다. 그 명분상의 천하의 주인은 민정民政 부서와 부동산 관리 부서에 해당했다. 그러나 그것은 법률적으로 그런 것이 아니라 관습적으로 그러했다.

관습은 바꿀 수 있었다. 게다가 바꾸는 게 그리 어렵지도 않았다. 가장 간단한 방법은 스스로 왕이 되는 것이었다. 이 일은 초나라인이 서주 시대에 이미 시도했으며 동주 시대에 이르러 정식으로 왕이라 칭했다. 이후 오나라와 월나라도 그 뒤를 따랐다. 물론 그들은 전부 남방의 만이였으므로 정식으로 셈에 넣기는 어렵다.

전국 시대에 접어들어 북방의 나라들도 서로 약속이나 한 듯 줄줄이 왕이라 일컬었다.[8] 겨우 명맥을 유지하던 송나라도 빠지지 않았으며 진秦나라와 제나라는 심지어 '제帝'라고 자처했다(하지만 금세 왕으로 돌아갔다). 결국 전국 시대가 3분의 1쯤 경과되었을 때는 공국公國 전체

---

8 북방 각국이 왕의 칭호를 쓰기 시작한 시점은 정확히 알기 어렵다. 사마천은 진 혜왕이 가장 먼저 썼다고 말했다(『사기』 「주본기」 참고). 그러나 진 혜왕 이전에 제 위왕과 위 혜왕, 그리고 한나라와 연나라도 이미 왕의 칭호를 쓴 듯하다. 단지 조나라가 가장 늦었다.

가 왕국이 되었다.

공국이 왕국이 된 것은 큰 의미가 있었다.

그 의미는 등급과 체면에만 있지 않았다. 호칭은 곧 국가의 성격을 나타낸다. 하나라부터 진나라까지 호칭은 부단히 바뀌었고 성격도 계속 바뀌었다. 요약하자면 하나라 시대에는 방국方國, 상나라 시대에는 백국伯國, 서주 시대에는 후국侯國, 춘추 시대에는 공국, 전국 시대에는 왕국이 주류를 이뤘다. 방국은 부락국가이며 백국은 부락국가 연맹의 회원국이다. 당시의 국가는 아직 미성숙하여 주권이라고 할 만한 것이 없었다. 서주가 특수한 국가 연맹을 세운 뒤로, 그 회원국은 곧 후국이었다. 그런데 그 나라들은 주나라 왕에 의해 책봉되었으므로 봉국封國 혹은 방국邦國이라고도 불렸다. 후국은 독립적인 주권이 없었다. 공국이 된 후에야 반독립적인 주권이 생겼다. 그리고 왕국이 된 후에 완전한 독립 주권을 얻었다.

그렇다. 왕국은 독립 왕국이었다.

독립 왕국들로 이뤄진 천하는 이제 주인이 필요하지 않았다. 쇠퇴할 대로 쇠퇴한 주나라는 나중에 두 개의 도시국가로 분열되어 각기 동주국東周國과 서주국西周國으로 불렸다. 그들의 군주도 감히 더는 왕이라 칭하지 못하고 군주라 칭했다. 그때는 모든 제후가 이미 왕이 되었고 소진蘇秦도 사망했을 때였다.

그러고 보면 위열왕이 조, 위, 한을, 또 주 안왕安王이 전화를 제후 **184**

로 책봉한 것은 사실 스스로 사형 판결문에 서명을 한 것이나 다름없었다. 사형수는 봉건제도와 방국제도 그리고 주나라 천자였다.

그렇게 천자가 사라졌다.

그래도 천자는 없어서는 안 될 것 같았다. 모두가 왕인 것은 왕이 없는 것과 같았으므로 한 명의 천자가 남을 때까지 왕들은 계속 전쟁을 벌일 수밖에 없었다.

그 새로운 천자가 바로 진시황이었다.

진시황이 세운 것은 제국이었다.

제국은 세워야 했고 세워질 운명이었지만 꼭 진나라가 세우라는 법은 없었다. 예컨대 초나라와 제나라도 자격이 있었다. 그래서 진나라가 천하를 통일한 뒤에도 초나라인은 끝까지 불복했다. 누군가는 "초나라에 세 집만 남더라도 진나라를 멸할 나라는 반드시 초나라다楚雖三戶, 亡秦必楚"라고 말했다. 그러나 우리가 보기에 가장 후회했을 나라는 초나라도, 제나라도 아닌 위魏나라다.

하지 말았어야 할
실수

위 혜왕惠王의 가장 큰 실수는 사람을 잘못 본 것이었다.

 확실히 위 혜왕이 한 사람을 과소평가하지만 않았다면 전국 시대의 치열한 경쟁에서 마지막 승리를 거둔 나라는 진나라가 아니라 위나라였을 것이다. 사실 위나라는 전국 시대 초기에 가장 활기차고 유망한 나라였다. 위나라의 초대 군주 위 문후文侯는 뛰어난 재능과 원대한 지략의 소유자로서 진취적이며 인재를 대접할 줄 알았다. 그는 스스로 공자의 제자 자하子夏의 문하에 들어갔을 뿐만 아니라 자하의 두 제자를 데려와 자신의 오른팔과 왼팔로 삼았다. 그들은 바로 정치가 이회李悝와 군사전략가 오기吳起였다. 여기에 유명한 지방관 서문표西門豹까지 포함해 문후의 휘하에는 인재가 차고 넘쳐서 위나라는 나날이 발전했다. 이에 반해 당시의 진나라는 아직까지 융적으로 간주되어 전혀 좋아질 기미가 안 보였다.

이런 상황은 춘추 시대와 매우 흡사했다. 춘추 시대에도 정나라가 먼저 부상했다가 진晉나라에 그 자리를 넘겨주었다. 전국 시대에도 위나라가 먼저 번성한 뒤, 진秦나라에 자리를 넘겨주었다. 전국 시대의 위 문후는 곧 춘추 시대의 정 장공이었다. 역사의 선택을 보면 선행 주자보다는 오히려 후발 주자가 더 가능성이 있다. 이것은 실로 의미심장한 사실이다.

그러면 진나라는 어떻게 뒤늦게 도약할 수 있었을까?

상앙商鞅 덕분이었다.[9]

아무리 달리 보아도 상앙의 역할이 매우 컸다.

상앙은 맹자, 장자와 동시대인이었지만 그 두 사람보다 조금 나이가 많았다. 나중에 상商 지역에 책봉된 까닭에 상군商君 또는 상앙이라 불리긴 했지만 그의 본명은 공손앙公孫鞅 혹은 위앙衛鞅이었다. 이름을 따져 보면 그가 본래 위衛나라의 공족이었음을 알 수 있다. 그러나애석하게도 그는 공손이기는 했지만 서자였고 위衛나라도 이미 위魏나라의 속국으로 전락한 상태였다. 그래서 젊은 날의 상앙 혹은 공손앙은 위魏나라 재상 공손좌公孫痤의 가신으로 갈 수밖에 없었다.

그 당시의 위나라 군주가 바로 위 혜왕이었다.

위 혜왕은 공손좌를 매우 신임했다. 그래서 공손좌가 중병에 걸렸을 때 친히 위문을 가서 앞으로의 일을 자문했다.

"선생이 돌아가시면 과인과 과인의 사직은 어떻게 한단 말이오?"

187

---

9 이 절에서 언급된 상앙의 사적은 따로 표시한 주석 외에는 모두 『사기』 「상군열전」 참고.

공손좌는 자신을 이을 인재로 상앙을 추천했다.

그러나 위 혜왕은 아무 말도 하지 않았다.

공손좌는 주위 사람들을 물러가게 하고 다시 말했다.

"공손앙을 쓰지 않으실 거면 반드시 죽이셔야 합니다. 달아나게 하면 안 됩니다."

위 혜왕은 알겠다고 답했다.

위 혜왕이 자리를 뜨자 공손좌는 상앙을 불러 모든 사정을 알려주고 미안해하며 말했다.

"나란 사람은 선공후사先公後私, 선군후신先君後臣일세. 자네는 어서 도망가게!"

그러나 상앙은 담담히 웃으며 말했다.

"대왕이 주군의 말씀을 듣고도 저를 쓰지 않았는데 또 어찌 저를 죽이겠습니까?"

상앙의 예상대로 위 혜왕은 과연 그를 죽이지 않았다. 죽이지 않았을 뿐만 아니라 곁에 있던 신하에게 이런 말을 했다.

"공손좌가 병이 나더니 바보가 된 것 같군. 공손앙을 재상으로 삼으라고 하니 말이야. 이거야 정말 웃기는 소리가 아닌가?"

사실 공손좌는 전혀 웃기는 소리를 한 게 아니었다. 오히려 위 혜왕이야말로 훗날 처절하게 후회하게 된다. 20년 뒤, 위나라는 두 번의 패전을 맛보았다. 첫 번째 패전은 제나라에게 당했으며 대장군 방

188

연龐涓이 전사하고 태자 신申이 포로가 되었다. 그것은 역사적으로 유명한 마릉馬陵 전투로서 군사전략가 손빈孫臏의 걸작이었다.

제나라에게 패하고 그 이듬해에 위나라는 진나라에게 또 패했다. 이 전투는 상앙의 걸작이었다. 당시 위나라군의 총사령관이었던 공자 앙卬은 상앙과 교분이 있었다. 그래서 상앙은 공자 앙에게 편지를 썼다.

"제가 위나라에 있을 때 우리는 좋은 친구였습니다. 그런데 이제 적이 되었으니 실로 손을 쓸 수가 없군요. 서로 은밀히 강화를 맺고 각자 돌아가 나라를 안정시키는 것이 좋겠습니다."

이 말을 믿고 공자 앙은 아무 방비 없이 상앙의 연회에 초대되어 갔다. 그러나 뜻밖에도 병풍 뒤에는 병사들이 매복하고 있었다. 상앙이 명령을 내리자 그들이 쏟아져 나왔고 진나라군도 이 틈을 타 일제히 출격했다. 결국 위나라군은 대패하고 공자 앙은 포로가 되었다.

상앙의 이 수법은 조금 비겁했다. 교분을 무기로 삼았기 때문이다. 그러나 본래 "전쟁은 속임수다兵以詐立." 더구나 상앙은 위나라와 이미 오래전에 정을 끊었는데 무슨 신의가 있었겠는가?

연패를 당한 위나라는 심각한 타격을 입었다. 더 이상 지탱할 수 없게 된 위 혜왕은 어쩔 수 없이 영토를 떼어주고 화의를 맺은 뒤, 안읍安邑(지금의 산시山西 성 샤夏 현)에서 대량大梁(지금의 허난 성 카이펑開封)으로 도읍을 옮겼다. 그래서 나중에 그는 양梁 혜왕惠王이라고도 불리게 되

189

었다. 이때 그는 비로소 공손좌가 아니라 자신이 바보였다는 것을 깨닫고 탄식을 금치 못했다.

"과인이 왜 그때 공손좌의 말을 듣지 않았을까!"

이 말을 할 때 그는 후회로 가슴이 미어졌을 것이다.

그렇다. 그는 하지 말았어야 할 실수를 저질렀다.

상앙은 공손좌가 죽은 뒤, 위나라를 떠났다. 떠날 때 그는 미련도, 아쉬움도 없었다. 사실 춘추 시대 말기부터 사인, 즉 당시의 지식인 계층은 모두 천하주의자였다. 그들은 천하가 나라보다 훨씬 더 중요하다고 보았다. 가장 도덕적이었던 공자조차 고향 노나라를 떠날 때는 조금 느리게, 다른 나라를 떠날 때는 조금 빠르게 걸었을 뿐이다. 그러니 공손앙은 더더욱 거리낌이 없었을 것이다. 그래, 위 혜왕이 나를 안 쓰면 나는 다른 곳으로 옮기면 그만이다!

상앙의 다음 목적지는 진나라였다.

패도밖에는
없다

상앙은 세 가지 방안을 갖고 진 효공을 만났다고 한다.

그 세 가지 방안은 무엇이었을까?

제도帝道, 왕도, 패도였다.

상앙은 이 세 방안을 차례로 설명했다. 먼저 제도에 관해 말할 때 효공은 아무 감흥이 없어보였다. 그 다음에 왕도에 관해 말할 때는 억지로 졸음을 참는 눈치였다. 그런데 마지막으로 패도에 관해 말할 때는 정신이 쏙 빠져 무릎이 자리에서 벗어나는 것도 몰랐다.

그것은 전혀 이상한 일이 아니었다. 그 당시 진나라는 상황이 매우 안 좋았다. 진 목공의 중원 제패의 꿈이 깨진 뒤, 패권은 줄곧 진晉과 초, 양국의 수중에 있었다. 동쪽의 진晉나라와 남쪽의 초나라는 진秦나라를 협소한 융적의 땅에 고립시켜 전혀 발전의 여지를 주지 않았다. 게다가 화하를 대표하는 진나라도, 만이의 나라인 초나라도 진나라인을 융적으로 취급해 그들을 중원의 맹회에 초청하지도, 심지어 참가를 허락하지도 않았다.[10] 그것은 진나라인에게는 실로 답답하고 억울한 일이었다.

진 효공은 널리 인재를 모집하라는 명을 내렸다. 속히 현 상태를 타개하고 발전을 도모하기 위해서였다.

목적이 이토록 명확했기 때문에 제도와 왕도는 확실히 시의에 맞지 않았다. 제도는 요순의 도이며 왕도는 탕무湯武(상 탕왕과 주 무왕)의 도다. 전자는 부락시대에 속하고 후자는 방국시대에 속하므로 전국시대와는 맞지 않았다. 진 효공은 상앙과 나라를 흥하게 하는 길을 논의하며 분명하게 말했다.

"제도와 왕도가 좋기는 하지만 실현하려면 적어도 수십 년에서 100년 넘게 시간이 걸릴 거요. 과인은 그렇게 오래 기다릴 수 없소."

탁상공론은 나라를 그르치고 실천만이 나라를 흥하게 하므로 반드시 유용한 방안을 채택해야 했다.

유용한 방안은 패도였다.

겉으로 보기에 패도는 춘추오패의 도였다. 그러나 상앙에게 그것은 강국의 도, 심지어 강국의 술術이었다. 술은 당연히 도에 못 미치지만 애석하게도 도는 겉만 번드르르할 뿐 도움이 안 될 때가 많다. 하물며 군대가 강해야 패업을 이룰 수 있고 먼저 패업을 이뤄야 제도도 이룰 수 있다. 이런 이치를 상앙이 잘 알고 있음을 효공은 간파했다. **192**

10 『자치통감資治通鑑』 「주기이周紀二」 참고.

그래서 상앙을 중용하여 패도를 행하고 법을 바꾸게 했다.

이른바 변법變法은 사실 제도 개혁이었다. 어떤 제도를 개혁했을까? 방국제도였다. 방국제도의 특징은 분권이었다. 천자는 제후에게 권력을 나눠주고 책봉하여 방국을 세우게 했고, 제후도 대부에게 권력을 나눠주고 책봉하여 가家를 세우게 했다. 알고 보면 분권, 봉건, 방국은 삼위일체였다.

그런데 권력은 일단 나눠주면 회수할 수 없으며 아랫사람이 강해지면 윗사람은 허수아비가 된다. 결과적으로 먼저 춘추오패가 등장하여 천자가 허수아비가 되었고 나중에는 삼환이 등장하여 제후가 허수아비가 되었다. 또한 제후를 허수아비로 만든 계손씨 같은 대부도 가신에 의해 허수아비가 되었다. 군주가 허수아비가 되면 나라가, 가군(대부)이 허수아비가 되면 가家가 망하게 마련이다. 그래서 진나라는 분열되었고 제나라는 주인이 바뀌었으며 노나라는 쇠락했다.

이런 사태를 다시 겪지 않으려면 분권제를 중앙집권제로, 주나라의 제도를 진나라의 제도로 바꿔야 했다.

문제는 어떻게 바꿔야 하느냐는 것이었다.

솥의 끓는 물을 식히려면 솥 밑의 타고 있는 장작부터 꺼내야 한다. 즉, 문제의 근본적인 원인을 제거해야 하는 것이다.

솥은 무엇이었을까? 봉건귀족이었다. 그러면 장작은 무엇이었을까? 작위의 세습, 채읍의 사유화, 공로도 없이 녹을 받는 관행이었다.

춘추 시대에 전횡을 일삼던 귀족들, 예컨대 노나라의 공족, 진나라의 경족, 삼환과 육경 등은 모두 그런 특권을 갖고 있었다. 이 때문에 군주는 그들을 어쩌지 못했으며 그들은 군대를 소유하고, 채읍에 웅거하고, 군주를 허수아비로 만들 수 있었다. 확실히 권력을 군주에게 집중시켜 나라를 구하려면 무엇보다도 먼저 귀족을 제거해야 했다.

물론 곧바로 귀족을 없애는 것은 불가능했다. 상앙은 신귀족으로 구귀족을 대체하는 방법을 택했다. 그 구체적인 방안은 혈통보다 군공軍功, 즉 군사상의 공적을 따지는 것이었다. 신법 반포 후, 모든 귀족은 먼저 군공이 전무한 종실宗室(군주의 친족)부터 시작해 군공의 크고 작음에 따라 존비尊卑, 귀천, 작위, 녹봉이 결정되었다. 군공이 없는 귀족은 지위를 잃고 평민 중의 지주나 부자로 떨어졌다. 반대로 군공이 있으면 아무리 공이 크더라도 후작이 받을 수 있는 최고 작위였다. 그리고 군공만 있으면 종실이 아니어도 작위를 받아 신귀족이 될 수 있었다.

신귀족과 구귀족의 차이는 무엇이었을까?

구귀족은 영주, 신귀족은 지주였다. 주나라의 제도에 따르면 대부는 자신의 채읍(가)에 대한 통치권을 가졌다. 그리고 이 통치권은 제후가 건드릴 수 없었다. 채읍 안의, 가신과 일반 백성을 포괄하는 신민들은 법적으로나 도덕적으로나 가군(대부)에게만 충성을 바쳤다. 군주에게는 충성을 바칠 필요도, 바칠 수도 없었다. 그러나 진나라의 제

도에 따르면 신귀족은 자신의 봉지에 대해 통치권은 없고 조세권만
있었다. 다시 말해 조세를 거둘 뿐 백성들의 일에 관여하지는 못했다.
본래 영주에게 속했던 신민들은 새롭게 편성되어 지방관의 관리를 받
는, 군주 직속의 평민이 되었다.

이 개혁의 직접적인 결과로 영주가 사라졌다. 영주가 사라졌으니
자연히 영지도 사라졌다. 이때부터 진나라에는 더 이상 채읍은 없고
군현郡縣만 존재했다. 전국에 31개의 현이 설치되었으며 현령縣令(현장)
과 현승縣丞(부현장)이 이를 관리했다. 이후 다른 나라의 영토를 빼앗아
도 봉국과 채읍은 세우지 않았다. 영지도 없고, 영주도 없고, 진정한
의미의 귀족도 없었다.

귀족이 사라져서 세습되는 작위도 사라졌다. 그래서 경과 대부든,
지방관이든 모든 관리는 군주에 의해 임명되고 능력에 따라 일할 뿐,
더 이상 작위에 따라 세습되지 않았다. 또한 능력과 재주만 있으면 진
나라인이 아니어도 지도층에 들어갈 수 있었다.

이것이 바로 상앙의 정치체제 개혁이었다. 그 내용을 다시 세 가지
로 개괄하면 영주제를 폐지하고 지주제를 실시했고, 봉건제를 폐지하
고 군현제를 실시했으며, 세습제를 폐지하고 임명제를 실시했다. 이런
본질적인 개혁은 당연히 상앙 혼자의 힘으로 완성될 수 없었고, 단기
간에 완성될 수도 없었다. 그러나 여기에서 우리는 미래에 도래할 제
195 국의 그림자를 똑똑히 확인할 수 있다.

상앙의 변법의 역사적인 의의는 바로 여기에 있다.

변법의 실제적인 의의는 중앙집권이었다. 그것은 진나라의 개혁에서 핵심 중의 핵심이었다. 사실상 본래 영주에게 속했던 신민들이 중앙 직속이 되어 백성들이 군주의 것이 되었다. 그리고 채읍이 군현이 되어 토지도 군주의 것이 되었다. 경과 대부부터 지방관까지 전부 중앙에 의해 임명되어 권력도 군주의 것이 되었다. 이처럼 토지, 백성, 권력이 다 군주에게 집중되었으니 이것은 당연히 패도였다.

그러나 상앙의 패도 추구는 똑똑하고 지혜로웠다. 왜냐하면 그의 지휘봉은 군공이었기 때문이다. 군공과 혈통은 어떤 면에서 다를까? 혈통은 타고나는 것이지만 군공은 쟁취하는 것이며 혈통은 귀족에게 유리하지만 군공은 군주에게 유리하다. 그리고 혈통은 가문 대대로 유전되지만 군공은 정부에 의해 인정된다. 군공으로 작위와 녹봉이 정해지면 사람들은 적극적으로 노력하고 용감하게 적을 상대하게 되어 누구도 함부로 거만을 떨거나 불로소득을 노릴 수 없다. 결국 필연적으로 기풍이 달라지고 국력이 강해지며 군주의 지위가 높아지는 동시에 귀족의 권세는 사라진다. 그야말로 일거양득을 넘어 '일거다득一擧多得'이 아닌가?

실제로도 그랬다.

피바람이
불다

군주 집권과 부국강병을 정해진 목표로 삼고 상앙은 경제개혁과 군사개혁을 포괄하는 전면적 개혁을 전개했다. 그가 사용한 수단은 매우 간단했다. 은혜와 위엄을 병행했다. 예를 들어 열심히 일해서 공출미를 많이 바치면 요역을 면제해줬지만 교활한 수단으로 이익을 편취하거나 투기 매매를 하면 노비로 삼았다. 또한 군공을 세우면 명예를 주었지만 군공이 없으면 체면을 깎았다. 결국 상앙은 한손에는 몽둥이를, 한손에는 훈장을 쥐고서 진나라를 발전시켰다. 신법을 실시한 지 10년 만에 진나라는 "길에 물건이 떨어져 있어도 줍는 사람이 없고 산에서 도적이 사라졌으며 집집마다 살림이 넉넉해졌다道不拾遺, 山無盜賊, 家給人足."그리고 백성들은 "공적인 싸움에서는 용감해도 사적인 다툼은 피하여 나라가 잘 다스려졌다勇於公戰, 怯於私鬪, 鄕邑大治." 진 효공은 또한 옹雍(지금의 산시陝西 성 펑샹鳳翔)에서 함양咸陽(지금의 산시 성 셴양咸

197

陽)으로 도읍을 옮겨 천하를 석권할 준비를 개시했다. 진나라의 갑작스러운 부상은 다른 제후들을 긴장시켰다. 천자조차 제사용 고기를 선물로 보내왔다.

그러나 위의 사실은 매우 의심스럽다.

의문을 불러일으키는 것은 나라가 잘 다스려진 것이 아니라 나라가 잘 다스려진 원인이다. 사실 상앙이 재상이.되어 처음으로 반포한 법령은 기층 조직에 대한 보갑제保甲制와 연좌법의 시행이었다. 상앙은 가구를 기준으로 서민들을 편성하여 5가구를 보保로 삼고 10가구를 상호 연결했다. 그래서 한 사람이 죄를 지어도 전체에게 연대 책임을 물었으므로 이웃들은 즉시 정부에 보고해야 했다. 고발하지 않은 자는 허리가 잘렸고 범죄자를 은닉해준 자는 적에게 투항한 자와 똑같이 취급했으며 고발자는 사형당한 자들의 수급 숫자에 따라 상을 받았다. 진나라에서 "길에 물건이 떨어져 있어도 줍는 사람이 없고 산에서 도적이 사라진" 것은 당연한 일이었다. 모든 사람이 비밀경찰이었기 때문이다.

이처럼 이웃 간에 서로 감시하고 고발하는 공포의 일상은 아마도 나치 독일에서나 체험할 수 있었을 것이다. 다만 상앙이 자신을 위해 친위대를 조직했는지는 알려져 있지 않다.

그러나 상앙이 진나라 전체를 병영으로, 나아가 감옥으로 만든 것만은 확실하다. 실제로 그가 도적을 소탕하고, 치안을 완비하고, 사적

---

11 순자는 여러 왕국의 군사제도를 비교한 바 있다. 제나라처럼 돈으로 장려하는 용병식 군대는 '망국亡國의 군대', 위나라처럼 세금 면제로 장려하는 군대는 '위국危國의 군대'라 했고 작위를 하사해 장려하는 진나라군이 가장 강력하다고 보았다. 그는 제나라군이 위나라군을 못 이기듯이 위나라군도 진나라군을 못 이기지만, 진나라군 역시 제 환공과 진 문공의 군대를 이길 수는 없으며 상나라 탕왕과 주나라 무공의 군대는 더욱더 못 이긴다고 했다. 왜냐하면 제 환공과 진 문공은 엄정한 규율에 의지했고 탕왕과 무공의 군대는 인의의 군대였기 때문이라는 것이다. 『순자』「의병」참고.

인 다툼을 금지한 것은 백성들의 생명과 재산을 보호하기 위해서가 아니었다. 사회에 남아도는 무력을 집중시켜 그것을 사용하기 위해서 였다. 이른바 "공적인 싸움에서는 용감해도 사적인 다툼은 피했다"는 것은 군주를 위해 싸울 뿐 자신을 위해 싸우지 않고, 외국인을 죽일 뿐 진나라인을 죽이지 않고, 관직과 녹봉을 위해 살인할 뿐 작은 이 익을 위해 살인하지 않았음을 뜻한다. 확실히 상앙이 길러낸 자들은 정이라고는 눈곱만큼도 없는 살인기계였을 것이다. 그런 자들에게 의 지해 천하를 잘 다스릴 수 있다고 한다면 그것은 엄청난 유머가 아닐 수 없다.[11]

살인기계는 타인의 생명 따위는 안중에도 없다. 상앙 자신도 그 랬다. 기록에 의하면 한번은 단 하루 동안 위수渭水 강변에서 죄수 700여 명을 사형시킨 적도 있다고 한다. 그래서 "위수가 온통 붉은 빛으로 물들고 우는 소리가 천지에 진동했으며 원한이 산처럼 쌓이 는渭水盡赤, 號哭之聲動於天地, 蓄怨積仇比於丘山" 지경에 이르렀다.[12]

이처럼 아무렇지도 않게 살인을 저지르고도 상앙은 후환이 두렵지 않았을까?

위의 기록이 신빙성이 있는지는 아무도 모른다. 전혀 근거가 없거 나 과장되었다고 증명해줄 사람도 없다. 하지만 상앙이 철혈 재상이 었던 것만큼은 의심의 여지가 없다. 신법을 처음 시행했을 때, 진나 라에서는 아래위로 의론이 분분했다. 도읍까지 항의를 하러 온 사람

199

---

12 유흠劉歆의 『신서新序』 참고.

들도 1000여 명을 헤아렸다. 상앙은 처음에는 그들과 도리를 따졌지만 나중에는 막무가내로 밀어붙였다. 신법이 좋다고 하는 사람이든, 나쁘다고 하는 사람이든 죄다 혼란을 조장하는 자로 몰아 변경으로 추방했다. 그 후로는 아무도 감히 함부로 입을 놀리지 못했다.

그것은 결코 개혁이 반드시 치러야 할 대가가 아니었다.

물론 변법을 위해서는 어느 정도 강력한 수단이 필요하다. 정책 결정을 내린 뒤, 논쟁을 저지하는 것도 필요하다. 그렇지 않으면 탁상공론만 하다가 결정도 못 내리거나 결정을 내려도 실행하지 못하여 개혁이 좌초하게 된다. 그러나 상앙의 상황은 이와 달랐다. 그가 행한 모든 일은 전제정치, 집권, 독재를 겨냥하여 계획되고 진행되었고 그런 까닭에 백성들의 언론의 자유를 억압해야만 했다. 실제로 상앙은 자신의 법에 관한 논의뿐만 아니라 그 어떠한 논의도 불허했다. 그가 생각하기에 백성들은 의무만 있고 권리가 없었다. 그들은 군왕이 패업과 제업帝業을 이루기 위한 도구이자 무기일 뿐이었다. 달리 말하면 남자는 평상시에는 노동의 도구, 전시에는 살인의 무기였으며 여자는 그런 도구와 무기를 생산하는 기계였다. 사실이 이러한데 백성들이 무슨 논의를 할 자격이 있단 말인가? 명령에 따라 움직이기만 하면 되는 것이다.

이것이 이른바 상앙의 변법이었다. 진나라는 이때부터 위에는 군주가, 아래에는 숱한 백성이, 그 사이에는 관료기구가 있었고 도처에 군대, 경찰, 특수 공작원이 깔려 있었다. 그것은 중앙집권과 군사독재의 준_準 제국이었다.

사실 진나라가 적자생존의 치열한 경쟁에서 두각을 나타낸 것은 그들이 당시 가장 쓸모 있는 제도를 가졌던 것에 그 원인을 돌릴 수밖에 없다. 혹은 그들이 그 새로운 제도를 가장 철저히 수립하고, 또 가장 철저히 운용했기 때문이다. 그 새로운 제도는 최대한도로 국내의 자원과 부를 집중시키고, 또 최대한도로 백성들의 생산력과 싸우고자 하는 용기를 촉진시키는 한편, 모두가 일사분란하게 보조를 맞추는 전체주의적 성격까지 유지시켜 끝내 진나라의 천하통일을 실현했다.

여기에서 우리는 전제정치의 피비린내를 감지한다.

그렇다. 진나라군이 중원으로 들어오면서 그 걸음마다 피바람이 불었다. 진나라를 훗날 최고의 자리에 올려놓은 것은 가혹한 형벌과 준엄한 법률이었다. 진나라 법률의 엄격함과 진나라 제도의 독단과 진나라 풍습의 강인함은 사실 공공연한 비밀이자 엄연한 사실이었다. 진나라는 전제주의와 군국주의의 본산이었다.

상앙은 이 본산의 창시자였다.

상앙은 성공했다. 적어도 진나라를 공국에서 왕국으로 변화시켰으며 이 왕국이 제국으로 나아갈 길을 닦고 준비를 마쳤다. 상앙이 죽은 지 14년 만에 진 혜왕_{惠王}은 왕이라 칭했고 그로부터 104년 뒤에는 영정이 제帝라고 칭했다.

그러나 상앙 자신은 비명횡사했다.

누구를 위한
개혁인가

상앙은 거열형車裂刑을 당했다.

거열형은 오마분시五馬分尸라고도 한다. 사형수의 머리와 사지에 각기 밧줄을 묶고 밧줄 끝을 말 다섯 마리의 몸에 묶는다. 그런 다음 동시에 말들에게 채찍을 가해 달리게 하면 사형수의 몸은 찢어지고 만다.[13] 상앙은 이런 혹형을 대중을 앞에 두고 받아야 했다. 이는 분명히 한 사람을 죽여 모든 사람을 경계하는 의미가 있었다.

상앙은 왜 이런 최후를 맞았을까?

훗날 혜왕이 되는, 효공의 태자의 노여움을 샀기 때문이다. 그 전에 상앙은 신법을 추진하고 법률의 존엄을 지키기 위해 태자의 두 사부를 벌했다. 공자 가虔의 얼굴에 죄명을 문신으로 새겨 넣었고 공자 건虔의 코를 베었다. 그래서 효공이 죽고 태자가 즉위하자마자 공자 건은 상앙이 반란을 꾀한다고 고발했다. 본래 상앙을 뼈에 사무치게

203

---

13 거열형은 시체를 찢는 형과 산 사람을 찢는 형, 두 가지가 있다.

미워했던 혜왕은 즉시 전국에 수배령을 내려서 그를 체포하여 극형에 처하는 한편, 그의 일족을 멸했다.

이것이 상앙이 죽음을 당한 직접적인 원인이었다.

그러면 근본적인 원인은 무엇이었을까?

유가에서는 자업자득이었다고 설명한다. "형벌은 대부까지 올라가지 않고 예는 서민에게까지 내려가지 않는다刑不上大夫, 禮不下庶人"는 오랜 규칙을 따랐다면 상앙은 본래 죄를 면했거나 기껏해야 자살을 지시받았으리라는 것이다. 결코 그렇게 비참한 죽음을 맞을 일은 없었다고 말한다. 그러나 애석하게도 이 사람은 굳이 왕도를 피해 패도를 행하고 예치를 피해 법치를 행했다. 그러다가 몸소 그 해악을 고스란히 당한 꼴이 되었다는 것이다.

정말 그랬을까?

그렇지 않다.

물론 상앙은 법치로 인해 죽은 게 맞다. 자업자득이었던 것도 맞다. 예를 들어 다른 사람을 적극 고발하라고 장려한 것도 그였다. 백성들은 사실을 알고도 고발하지 않으면 허리가 잘렸고 적극적으로 고발하면 적을 죽인 용사처럼 대접받았다. 따라서 누군가 상앙이 반란을 꾀한다는 소문을 들었으니 고발한 것이 옳지 않은가? 또한 상앙은 법 앞에서는 누구나 평등하다고 하지 않았는가?

아마도 어떤 사람은 "상앙이 반란을 꾀했다는 증거가 있었나?"라 **204**

고 물을 것이다. 증거는 없었다. 문제의 소문은 "상군商君이 반란을 일으키려 한다商君欲反"가 전부였다. "반란을 일으키려 한다"는 게 무슨 뜻일까? 반란을 생각했다는 것이다. 마음속으로 생각했다는 것이다. 마음속으로 생각한 것을 증명할 수 있을까? 증명할 수 없다. 따라서 근거 없는 모함이었다.

어떤 사람은 또 "모함도 통할 수 있었는가?"라고 물을 것이다. 통할 수 있었다. 왜냐하면 상앙의 신법은 이웃 간의 상호 고발을 장려했을 뿐 증거가 있어야 한다고 못 박지는 않았기 때문이다. 아울러 모함인 것이 밝혀지면 고발자가 법적 책임을 져야 한다는 규정도 없었다. 결국 고발을 장려하는 정책만 있고 모함을 제재하는 법률은 없었던 것이다. 따라서 상앙의 통치 아래에서는 남에게 모함을 당하고 고문으로 거짓 자백을 하는 경우가 허다했을 것이다.

이제 상앙도 그런 입장이 되었을 뿐이다.

그래서 상앙은 모함을 당한 뒤에 자기가 아무리 변명해도 통하지 않을 것을 알고 도망을 택했다. 국경에 도착한 그는 여관에 묵으려 했다. 그러나 주인은 그를 들여보내주지 않았다.

"상군께서 규정하시길 모든 투숙객은 통행증과 신분증을 보여줘야 한다고 했어요. 안 보여주면 묵게 해줄 수 없습니다. 만약 법을 어기고 묵게 해주고 투숙객이 범죄자나 범죄 혐의자면 그 사람은 무슨 벌이든 감수해야 하고 여관 주인도 똑같이 그래야만 해요. 이것을 일명

'연좌제'라고 하지요."[14]

여관 주인은 새로 온 손님이 상앙인 줄은 꿈에도 몰랐다. 상앙은 당연히 어떤 증명서도 감히 못 보여주고 길게 탄식하며 말했다.

"내 변법의 병폐가 이 정도일 줄이야!"

오갈 데가 없어진 상앙은 어쩔 수 없이 정말 반란을 꾀했다. 처음에는 위나라로 도망갔지만 다시 진나라 국경으로 돌려보내졌고, 그다음에는 자신의 봉지인 상읍商邑으로 돌아가 세력을 규합했지만 혜왕이 보낸 군대에게 섬멸되고 자신도 전사했다. 반역도인 그의 시신은 진나라 도읍으로 보내져 만인이 보는 앞에서 거열형을 당했다.

이번에는 상앙의 반역죄가 사실로 밝혀졌다.

본래 상앙에게는 선택지가 하나 더 있었다. 그것은 재판에서 자신을 변호하는 것이었다. 물론 그것은 대단히 어려웠다. "반란을 일으키려 했다"는 죄명 앞에서 자신의 결백을 증명하는 것은 거의 가능성이 없었다. 그리고 이 실낱같은 마지막 희망조차 실은 존재하지 않았다. 왜 존재하지 않았을까? 왜냐하면 당시 진나라의 법률에는 변호권이라는 것이 아예 없었기 때문이다. 돌아보면 상앙이 위수 강변에서 죄수 700여 명을 처단했을 때, 그 사람들은 공개 재판을 통해 증거가 밝혀지고 변호사의 변호를 받았을까? 그렇지 않았다.

확실히 상앙은 자업자득으로 죽기는 했지만 그의 비극을 낳은 근본 원인을 보면 법치에 문제가 있었기 때문이 아니라 진나라 법에 문

---

14 연좌제에 관해서는 왕보상王伯祥의 『사기선史記選』 참고.

제가 있었기 때문이다. 무슨 문제가 있었을까? 그 법은 군왕의 통치를 수호하는 수단이었을 뿐 백성들의 권리를 보호하는 조항이 없었다. 원인은 곧 상앙의 법이 왕법이었고 상앙의 도는 패도였기 때문이다. 왕법에 시민권 의식이 있었을 리 없으며 패도에 무죄 추정의 원칙이 있었을 리 없다.

따라서 무조건 개혁이 좋다고만 하지 말고 누구를 위한 개혁인지, 무엇을 개혁하는지, 또 어떻게 개혁하는지 살펴야 한다. 마찬가지로 무조건 입법이 좋다고만 하지 말고 누구를 위해 무엇을 입법하는지, 어떻게 입법하는지도 살펴야 한다. 이런 근본적인 문제들을 밝히지 않고 그저 공정함과 엄격한 법 집행만 논해서는 안 된다.[15]

안타깝게도 이것들은 나중 일로 남겨둘 수밖에 없다.

사실 상앙식의 변법조차 곧 국왕과 효웅들의 필요를 더 이상 만족시킬 수 없게 된다. 가혹한 형벌과 준엄한 법률보다 그들이 더 관심을 가졌던 것은 남을 해치고 자신을 이롭게 하는 음모와 궤계였다.

상앙 피살 5년 뒤, 장의張儀가 진나라에 들어가고 소진蘇秦이 여섯 나라의 종약장縱約長이 됨으로써 합종合縱과 연횡連橫이 시작되었다.

---

15 상앙의 변법, 입법, 집법에 관한 평가는 이중톈의 『제국을 말하다』와 『백가쟁명』에 더 자세히 서술되어 있다.

소진은 연 역왕에게 말했다.
"소신이 신용을 따지지 않는 것이야말로 대왕의 복입니다.
신용을 따지는 자들은 다 도덕을 사수할 뿐 대왕의 이익을 위해
동분서주하지 않습니다."

제6장

합종과 연횡

도박꾼
소진

소진은 임종을 앞두고 최후의 도박을 했다.[1]

종횡가縱橫家 소진은 제나라에서 자객의 습격을 받았다. 국제관계를 이용해 횡재를 한 이 정객은 선망과 질투와 원망을 적잖이 불러 일으켰을 것이다. 그래서 누가 자객을 보냈는지 도저히 알 길이 없었고 전국에 걸친 수사도 소득이 전무했다. 소진은 부상이 심해서 얼마 못 살 것 같았지만 사건의 해결은 요원하기만 했다.

그래서 그는 자신의 시신을 도박판 위에 올려놓기로 결심했다.

임종 직전, 소진은 제왕에게 말했다.

"소신이 죽은 뒤에 소신의 시체를 갈기갈기 찢고 소신이 본래 연燕나라의 첩자여서 백번 죽어 마땅하다고 선언하십시오. 그러면 반드시 범인이 나타날 겁니다."

제왕은 그의 말대로 했고 과연 범인이 제발로 자수해왔다.

---

1 이 절과 다음 절의 내용은 『사기』의 「소진열전」과 「장의열전」 참고.

소진의 그 계책은 통 큰 도박이었다.

실제로 소진은 전국 시대 최고의 도박꾼이었다. 다만 돈이나 목숨을 거는 대신 나라를 걸었다. 이 사람은 전국칠웅의 운명을 자신의 가산 및 생명과 한데 묶어 도박을 했다. 그 도박은 엄청난 파란을 불러일으켰다. 그리고 소진이 죽은 뒤에도 거의 100년 가까이 그가 기획한 합종과 연횡은 줄곧 국제관계의 주제였다.

그러면 합종과 연횡은 무엇일까?

합종은 태항산太行山 동쪽의 여섯 나라인 연, 제, 조, 위, 한, 초가 북쪽부터 남쪽까지 세로 방향의 연합전선 혹은 통일전선을 이루어 공동으로 서쪽의 강력한 진나라에 대항하는 것이었다. 이 여섯 나라는 진나라에 비해 영토는 다섯 배나 크고 병력은 열 배나 많았다. 만약 합종이 유지된다면 이치상 진나라의 야심은 실현되기 어렵고 국제적인 평화가 보장될 수 있었다.

그것은 당연히 좋은 아이디어였다.

문제는 소진이 이 방법을 생각해낸 목적이 여섯 나라의 이익도, 백성들의 이익도 아니었고 천하의 이익은 더더욱 아니었다는 데 있었다. 그는 오로지 자신의 이익이 목적이었다. 부귀영화와 벼락출세야말로 그가 바라는 것이었다.

이를 위해 소진은 노고를 마다 않고 여섯 나라를 오가면서 연 문후文侯, 조 숙후肅侯, 한 선왕宣王, 위 양왕襄王, 제 선왕宣王, 초 위왕威王

211

을 차례로 설득하고 합종의 구체적인 방안을 약속했다. 예를 들어 진이 초를 치면 제와 위가 출병하여 도와주고 한은 진의 보급로를 끊는 한편, 조와 연은 성원해주기로 했다. 그리고 진이 제를 공격하면 초가 진군의 뒷길을 공격하고, 한은 요충지를 지키고, 위는 진의 길을 막고, 연은 구원병을 보내고, 조는 성원해주기로 했다. 이처럼 방안이 정해지고 의견이 모아지자 소진은 여섯 나라 재상의 관인官印을 차고 종약장을 맡았다. 종약장은 여섯 나라의 회의를 주관하는 비서장에 해당했다.

소진은 합종에 성공했다.

다만 이 연합전선 혹은 통일전선은 매우 취약했다. 여섯 나라는 각기 꿍꿍이속이 있었으며 서로 믿지 않았다. 지금 하나로 뭉친 것은 강력한 진나라의 위협 때문이었다. 일단 경보가 해제되고 위협이 사라지면 언제 무슨 일이 있었냐는 듯 뿔뿔이 흩어지고 심지어 맹약 따위는 무시한 채 서로 전쟁을 시작할 것이 뻔했다. 정말로 그렇게 되면 소진은 무엇으로 밥벌이를 해야 하는가?

그래서 소진은 합종을 고취하면서도 오히려 합종을 깨뜨리려 했다. 합종이 깨져 여섯 나라가 흩어지고 고립되어 공격을 당해야만 다시 같은 침대에 잘 마음이 생길 것이라고 생각했다. 비록 그들이 여전히 동상이몽을 꿀지라도.

합종을 깨는 방법은 연횡이었다.

연횡은 진나라가 여섯 나라와 각각 단독으로 동맹을 맺어 서쪽에서 동쪽으로 여섯 줄의 세로선을 잇는 것이었다. 이것은 진나라에게는 유리하지만 여섯 나라에게는 불리한 방안이어서 소진이 추진할 수는 없었다. 다른 사람을 찾아야만 했다. 그 사람은 믿음직스러워야 하고 소진 자신처럼 계략에 뛰어나고 뻔뻔하며 오직 이익에만 밝아야 했다.

소진은 장의를 생각해냈다.

장의는 소진의 동문이었다. 한때 귀곡鬼谷 선생 밑에서 함께 권모술수를 배웠으며 재능이 뛰어나서 소진도 자신이 그보다 못한 것을 부끄러워했을 정도였다. 그러나 소진이 일찍 세상에 알려진 것과 달리 장의는 운이 안 좋았다. 심지어 도적으로 몰려 흠씬 두들겨 맞은 일까지 있었고 이때도 무척 곤궁한 상태였다. 이런 인물을 이용해 같이 한번 크게 도박판을 벌이면 안심할 수 있을 듯했다.

그러나 이런 일은 노골적으로 권하는 것보다는 에둘러 자극하는 것이 더 효과적인 법이다. 그래서 소진은 은밀히 사람을 보내 장의를 슬쩍 부추기게 했다.

"자네의 옛 동문 소진이 조나라에 가서 잘 나가고 있나 본데 왜 그에게 가서 일을 도모하지 않는가?"

장의는 일리 있는 생각이라 여겨 한달음에 조나라로 쫓아갔지만 뜻밖의 상황에 부딪쳤다. 소진은 환대를 해주기는커녕 그에게 수모를 주었다. 여러 날 그를 내버려둔 뒤, 인심이라도 쓰듯이 그를 만나주었다. 그러고는 그를 아랫자리에 앉히고 노비에게나 먹일 남은 반찬을 주더니 비웃듯이 알아서 살 길을 찾아보라고 했다.

결국 거지처럼 내쫓긴 장의는 울분을 참을 수 없었다. 그래서 기필코 성공하겠다는 의지를 품고 진나라로 향했다. 그것은 그의 유일한 선택지였다.

이번에 장의는 운이 좋았다. 도중에 인정 많고 정의감 넘치는 거부를 만났다. 그 사람의 지원을 받아 장의는 진 혜왕을 만났고 진나라의 객경客卿이 되었다. 그때서야 그 사람은 장의에게 바로 소진이 자신을 보냈다고 털어놓았다. 돈, 수레, 선물도 소진이 지원해준 것이었다. 물론 소진의 목적은 장의와 손을 잡고 크게 한판 도박을 벌이는 것이었다.

물론 그것은 위험성이 있었다. 만일 장의가 소진의 의중을 못 읽고 오판하거나 실수로 이쪽의 저의를 드러내면 판을 날릴 수도 있었다.

그러나 소진은 또 도박에서 이겼다. 나중에 진나라 재상이 된 장의는 소진의 속을 꿰뚫고서 보조를 맞췄다. 심지어 그는 소진의 입지가 불안해 아직 합종이 이뤄지지 않았을 때는 진나라군의 출병을 미루다가 시기가 되어서야 출동 명령을 내렸다. 이때부터 소진은 합종의 영수가 되고 장의는 연횡의 대표를 맡았다. 욕심에 눈이 먼 국왕들은 그들의 손에 놀아나, 죽을 때까지 속은 줄도 몰랐다.

사기꾼
장의

소진은 도박에 밝았고 장의는 사기에 능했다.

　그래서 소진은 도박판을, 장의는 사기판을 기획했다.

　장의는 기원전 313년에 자기 생애 최대의 사기판을 벌였다. 그때는 이미 소진이 죽은 뒤인데도 진나라는 여전히 합종 때문에 골치를 앓고 있었다. 그래서 장의는 초나라에 사신으로 가서 합종의 분쇄를 도모했다.

　합종을 깨뜨리는 것은 사실 어렵지 않았다. 여섯 나라가 합종을 한 것은 본래 각자의 이익 때문이었다. 이익은 그들을 합치게 했지만 역시 그들을 흩어지게 할 수도 있었다. 장의는 초 회왕懷王에게 만약 제나라와 단교를 한다면 그 답례로 진왕에게 청하여 토지 600리를 떼어주겠다고 제의했다.

　이 말은 듣기에 썩 믿기지 않는데도 초 회왕은 기뻐하며 엄청나게 유리한 조건이라고 생각했다. 누가 그에게 신중해야 한다고 충고했지만 그는 득의양양하게 말했다.

"닥치고 과인이 땅을 얻는 것이나 지켜보아라!"

그런데 장의는 진나라로 돌아가서 병을 핑계로 조정에도 나가지 않고 손님의 출입도 사절했다. 초나라의 사신은 석 달이나 힘들게 그를 기다렸지만 전혀 일의 진전이 없었다. 초 회왕은 혼자 머리를 굴리다가 진나라가 아직 자신의 성의를 못 믿는 것이라고 판단했다. 그래서 북쪽으로 사람을 보내 제 선왕을 모욕하게 했다. 이유 없이 모욕을 당한 선왕은 대로하여 즉시 초나라와 관계를 끊고 진나라와 연횡을 했다. 이 소식이 전해지자 장의의 '병'도 금세 완쾌되었다.

장의는 초나라 사신에게 말했다.

"저의 채읍이 6리입니다. 이것을 대왕께 바치겠습니다."

이에 초나라 사신은 말했다.

"대왕께서는 제게 귀국의 토지 600리를 받아오라고 하셨습니다. 6리라는 말은 듣지 못했습니다."

장의는 얼굴색 하나 변하지 않고 답했다.

"저도 600리라는 말은 듣지 못했답니다."

초 회왕은 그제야 속았다는 것을 알았다. 분노를 누르지 못한 나머지 회왕은 주위의 만류를 뿌리치고 진나라 정벌에 나섰지만 보기 좋게 격파되고 말았다. 어쩔 수 없이 성읍 두 곳을 떼어주고 진나라와 **216**

화의를 맺었다.

그것은 한마디로 게도 구럭도 다 놓친 꼴이었다.

그런데 이때 진나라가 가장 눈독들이던 땅은 초나라의 검중黔中이었다. 그래서 무관武關 밖의 땅과 교환하자고 제의해왔다. 이에 초 회왕은 말했다.

"과인은 땅은 원치 않소. 원하는 것은 장의뿐이오. 귀국이 검중을 원한다면 장의와 맞바꿉시다."

진 혜왕은 매우 난처했다.

이때 장의가 그에게 말했다.

"초왕이 굳이 소신을 원하니 소신이 초나라에 가면 됩니다."

"초왕이 선생을 뼈에 사무치게 미워하는데 어떻게 초나라에 가려 하오?"

"진이 강하고 초가 약한 것은 모두가 아는 사실입니다. 소신이 진의 명을 받들어 초나라에 사신으로 가면 초왕이 어찌 감히 소신을 해치겠습니까? 그가 기어코 소신을 죽인다 해도 한 사람의 목숨으로 검중을 얻는 셈이니 그것 역시 소신이 바라는 바입니다."

그래서 장의는 껄껄 웃고는 아무렇지 않게 초나라로 떠났다. 이번에 그가 묵은 곳은 지난번의 호화로운 영빈관이 아니라 감옥이었다.

장의는 그래도 걱정하지 않았다. 어쨌든 자신을 구해줄 사람이 있었기 때문이다.

장의를 구해줄 사람은 초나라 대부 근상靳尚이었다. 그는 장의가 일찍이 초나라에 심어둔 끄나풀이었다. 그가 회왕의 총비 정수鄭袖를 찾아가 공작을 펼치기 시작했다.

"당신은 곧 대왕의 총애를 잃을 듯합니다."

정수가 놀라 물었다.

"그건 왜죠?"

"진왕이 수많은 미녀를 보내 장의와 맞바꿀 계획이라고 합니다."

그래서 정수는 날마다 초왕을 찾아가 흐느끼며 호소했다.

"신하야 주인을 위해 일할 뿐인데 장의가 무슨 죄가 있나요? 우리가 줘야할 땅도 안 줬는데 장의를 보내왔으니 이 정도면 대왕을 존중해드렸다고 할 수 있어요. 장의가 죽으면 진왕이 필히 노할 테니 청컨대 신첩과 아이를 강남으로 피신시켜주세요. 진나라군의 요리감이 되고 싶지는 않아요."

결국 장의는 감옥에서 나와 영빈관으로 돌아갔다.

보아하니 장의는 사기에만이 아니라 도박에도 능했던 것 같다.

영빈관으로 돌아온 뒤, 장의는 초 회왕을 설득해 연횡을 받아들이게 했다. 그러고서 또 각국을 돌아다니며 한 양왕襄王, 제 선왕, 조 무령왕武靈王, 연 소왕昭王을 차례로 구워삶았다. 하지만 그때 진 혜왕이 사망했고 그 뒤를 이은 진 무왕은 본래 장의를 싫어했다. 조정 대신들도 들고 일어나 장의를 헐뜯었다. 이에 다섯 나라는 장의가 진왕의 **218**

총애를 잃은 것을 알고 다시 앞 다퉈 연횡에서 합종으로 입장을 바꿨다. 장의는 성공을 눈앞에 두고 실패했을 뿐만 아니라 목숨까지 위태로워졌다.

이번에 장의는 스스로 자신을 구해야 했다.

장의는 진 무왕에게 말했다.

"제왕이 가장 미워하는 사람이 바로 소신입니다. 소신이 어느 나라에 있든 제나라는 그 나라를 공격할 겁니다. 따라서 소신을 위나라에 가게 해주십시오."

진 무왕은 즉시 장의를 위나라에 보냈고 제나라는 과연 위나라를 공격했다. 장의는 자신의 가신을 초나라 사신으로 꾸며 제나라로 보낸 뒤, 제왕에게 이야기하게 했다.

"대왕께서는 장의를 미워하지 않으십니까? 그런데 왜 이처럼 그자를 보호하십니까?"

제왕은 어리둥절했다.

"과인이 장의를 보호한다고?"

초나라 사신으로 위장한 장의의 가신은 말했다.

"장의는 스스로 미끼가 되려고 위나라에 갔습니다. 귀국과 위나라를 싸움을 붙여 진나라가 어부지리를 얻게 하려는 속셈입니다."

결국 제왕은 군대를 철수시켰다.

219　장의는 재난을 면했지만 초나라는 재난이 끊이지 않았다. 장의가

죽고 10년 뒤, 초 회왕은 진 소양왕昭襄王에게 속아 무관에 갔다가 함양으로 납치당해 갔고 결국 진나라에서 객사했다. 초 회왕이 죽고 73년 만에 진나라는 초나라를 멸했다.

나중에 어떤 사람이 맹자에게 물었다.

"장의는 대장부라 할 수 있지 않을까요? 한 번 성내면 천하가 두려워하고 편히 쉬고 있으면 천하의 전쟁이 그쳤으니 말입니다."

그러나 맹자의 생각은 달랐다.

"그런 자를 어찌 대장부라 할 수 있겠는가? 인仁을 바탕으로 삼고 예로 자신을 세우며 의를 행하는 동시에 부귀해도 도리에 어긋나지 않고 가난해도 뜻이 흔들리지 않으며 무력 앞에서도 굴복하지 않아야 대장부라 할 수 있네!"**2**

그렇다. 장의는 분명 대장부는 아니었다. 희대의 사기꾼일 뿐이었다.

그러나 장의는 사기꾼이기는 하되 확실히 남다른 인물이었다.

그러면 이제 풍환馬驩의 이야기를 살펴보기로 하자.**3**

---

2 『맹자』 「등문공滕文公 하」
3 풍환의 '환驩'은 '환歡'의 이체자다. 『전국책』에서는 '훤諼'으로 썼다.

식객
풍환

풍환은 짚신을 신고 맹상군孟嘗君을 만나러 갔다.[4]

　맹상군은 이름이 전문田文이며 제 위왕威王의 손자였고 아버지 전영田嬰은 곽정군郭靖君에 봉해졌다. 장의가 진나라 재상이 되고 5년 뒤, 전영이 죽고 전문이 그 자리를 이어 맹상군이라 칭했다. 맹상군은 전국 시대 사공자四公子 중 우두머리로서 나머지 세 사람은 조나라의 평원군平原君 조승趙勝, 초나라의 춘신군春申君 황헐黃歇, 위나라의 신릉군信陵君 위무기魏無忌였다. 이 사공자가 공통적으로 좋아한 일은 각국에서 도망쳐온 이들을 비롯한 세상의 자유로운 사인들을 부양하는 것이었다. 이를 '양사養士'라고 불렀다. 맹상군은 이 양사의 기풍을 가장 먼저 연 인물이었으며 부양받던 사인들은 '식객食客'이라 불렸다. 풍환은 바로 그들 중 한 명이 된다.

221　　풍환이 오자 맹상군은 평소처럼 친히 응대했다.

4　이 절의 내용은 『사기』 「맹상군열전」과 『전국책』 「제책사齊策四」 참고. 이 두 책은 기록이 많이 달라서 『사기』를 위주로 하고 『전국책』은 참고만 했다.

맹상군이 물었다.

"선생께서는 이 전문에게 무슨 가르침을 주시려고 먼 길을 오셨습니까?"

이 말의 뜻은 분명했다. 풍환에게 어떤 재주가 있는지 묻는 것이었다. 그런데 풍환의 대답은 의외였다.

"군주가 손님을 좋아하시고 소생은 가난하니 몸을 의탁하러 왔습니다."

이 말의 뜻도 분명했다. 자신은 아무 능력도 없고 그냥 밥이나 얻어먹으러 왔다는 것이었다. 그래서 맹상군은 그를 전사傳舍(하급 숙소)에 묵게 했다.

열흘 뒤, 맹상군은 집사에게 풍환이 어떻게 지내는지 물었다.

"풍 선생은 가난한 게 맞더군요. 너무 가난해서 수중에 검 한 자루밖에 없습니다. 그분은 매일 그 검을 튕기면서 '장협長鋏(칼의 이름)아 돌아가자, 밥상에 생선이 없구나食無魚!'라고 노래를 부릅니다."

맹상군은 풍환을 행사幸舍(중급 숙소)로 옮기게 해 밥상에 생선이 올라가게 했다. 풍환은 그래도 불만인지 또 검을 튕기며 노래했다.

"장협아 돌아가자, 나가는데 수레가 없구나!"

맹상군은 또 그를 대사代舍(상급 숙소)로 옮기게 해 드나들 때 수레를 쓸 수 있게 해주었다. 그런데 풍환은 고마운 줄도 모르고 또 검을 튕기며 노래했다.

"장협아 돌아가자, 집이 없구나!"

그것은 좀 지나친 요구여서 맹상군은 내심 언짢았다. 하지만 그래도 변함없이 풍환을 잘 대접했다.

풍환은 계속 맹상군을 언짢게 만들었다.

1년 뒤, 맹상군은 사정이 어려워져 누군가를 자신의 봉지인 설읍薛邑에 보내 빌려준 돈을 받아오게 해야 했다. 그런데 설읍의 사람들은 대부분 가난했으므로 이 일은 처리하기가 쉽지 않았다. 이때 하급 숙소의 집사가 나서서 말했다.

"상급 숙소의 그 풍 선생은 풍채도 좋고 언변도 괜찮으며 나이도 꽤 많으니 그분을 보내는 게 좋겠습니다."

맹상군은 풍환을 불러 한번 다녀와 줄 수 없느냐고 물었다. 풍환은 알겠다고 답했다.

그런데 설읍에 간 풍환은 거둔 이자로 술과 고기를 사서 채무자들에게 한바탕 잔치를 베풀어주었다. 그리고 그 자리에서 자기 멋대로 일부 채무자들의 빚을 면제해주었다.

이 소식을 듣고서 맹상군은 풍환을 불러 정말 그런 일이 있었느냐고 캐물었다. 풍환은 태연하게 말했다.

"그런 일이 있었습니다. 만약 잔치를 열지 않았다면 그들은 다 올리가 없었을 테고 소신도 그들의 재정 상태를 다 파악하기가 불가능했을 겁니다. 그리고 불태운 차용증들은 소신이 일일이 확인한 것들입니다. 상환 능력이 있는 사람들과는 이미 기한을 약속했습니다.”

“이 전문은 분수를 모르고 식객 3000명을 건사하느라 들어오는 돈보다 나가는 돈이 많아서 이번에 선생께 빚을 받아 달라 부탁드렸습니다. 그런데 이런 일을 벌이셨으니 앞으로 어떻게 돈을 돌려받을 수 있겠습니까?”

풍환은 말했다.

“돈을 못 돌려줄 사람은 기한을 10년을 더 줘도 못 돌려줍니다. 이자만 더 불어날 뿐이지요. 그들의 마지막 선택은 도망가는 것밖에 없습니다. 그러면 군주는 돈도 못 돌려받고 빚을 독촉했다는 오명만 뒤집어쓰게 됩니다. 모두에게 득이 안 되는 일을 왜 하려고 하십니까? 소신이 불사른 것은 영원히 돈을 받아내기 힘든 빈 차용증일 뿐입니다. 그러나 그것과 맞바꾼 것은 인자하고 백성을 사랑하는 군주의 명예입니다. 또한 소신이 떠나기 전에 군주께서는 집안에 모자란 것을 사오라고 분부하셨습니다. 군주의 가산은 한 나라에 버금갈 만큼 풍요롭습니다. 모자란 것은 의로움밖에 없지 않습니까?”

맹상군은 할 말이 없었다.

그 후에 벌어진 일들은 풍환이 옳았음을 증명해주었다. 얼마 후 맹상군은 높은 명성과 우월한 능력 탓에 제왕에게 파면되었다. 재상의 자리를 잃은 맹상군은 할 수 없이 도읍을 떠나 자신의 봉지인 설읍으로 돌아가야 했다. 그런데 설읍까지 아직 100리가 남은 곳에 도달했을 때, 설읍의 남녀노소가 길 양쪽에서 공손히 그를 기다리고 있었다. 맹상군은 감격하여 말했다.

"선생이 이 전문에게 사주신 의로움을 이제야 보았습니다."

그런데 풍환은 이렇게 답했다.

"똑똑한 토끼는 굴을 세 개 파서 죽음을 면합니다. 청컨대 소신이 군주를 위해 굴 두 개를 더 마련하게 해주십시오."

그래서 풍환은 맹상군에게 수레와 경비를 받아 먼저 진나라로 가서 진왕을 만났다.

"지금 천하에서 가장 강한 나라는 진나라와 제나라입니다. 진나라가 강하면 제나라가 약해지고 제나라가 강하면 진나라가 약해집니다. 이것은 곧 세불양립勢不兩立이니 두 나라는 동시에 병존할 수 없습니다."

이 말을 듣자마자 진왕은 허리를 쭉 펴며 물었다.

"그러면 어떻게 해야 하는가?"

마환은 말했다.

"맹상군을 불러들이십시오. 제나라가 강해진 것은 전적으로 맹상군 덕입니다. 그런데도 제왕에게 파면되었으니 틀림없이 그는 원망을 품고 있을 겁니다. 그는 제나라의 사정을 자기 손바닥 보듯 훤히 알고 있습니다. 이런 사람을 데려오면 제나라는 곧 대왕의 것이 아니겠습니까? 그러나 이 일은 서둘러야 합니다. 제왕이 깨달으면 그때는 이미 늦습니다."

진왕은 풍환의 말이 옳다고 보고 즉시 수레 열 대에 막대한 재물을 실어 맹상군을 초빙하러 보냈다. 이때 풍환은 또 한발 앞서 제나라로 돌아가 제왕을 만났다.

"소신이 듣자하니 진왕이 후한 재물로 맹상군을 초빙한다 합니다. 제와 진은 한쪽이 강하면 다른 쪽이 약해집니다. 대왕께서는 진나라 사신이 도착하기 전에 속히 맹상군을 눌러 앉히셔야 합니다!"

이 말을 듣자마자 제왕은 맹상군의 재상직을 회복시키고 그의 봉지에 선왕의 종묘를 세우는 데 동의했다. 당시에 종묘가 있는 곳은 누구도 감히 침범하지 못했다. 백성들이 지지하고 관직을 회복한데다 종묘까지 설읍에 들어섰으니 맹상군은 굴 세 개를 다 확보한 셈이었다.

이런 일을 성취한 풍환이 단지 식객이었겠는가?

그는 뛰어난 장사꾼이었다!

상인
여불위

가장 거창하게 장사를 벌인 사람은 여불위吕不韋였다.[5]

장사에 천부적인 재능이 있었던 여불위는 사실 장사꾼의 머리로 정치를 갖고 놀았다. '기화가거奇貨可居'(기화, 즉 진귀한 물건은 차지할 만한 가치가 있다는 뜻으로, 훗날 큰 이익을 줄 사람이나 물건에 미리 투자를 해두는 것을 말한다)라는 고사성어는 바로 그가 지은 것이다.

그러면 여불위가 점찍은 '기화'는 무엇이었을까?

진나라의 공손公孫인 이인異人이었다.

이인은 진 소양왕의 손자이자 안국군安國君의 아들이었다. 그는 20여 명의 형제들 중 서열이 어정쩡한데다 서자였고 생모도 남편의 총애를 받지 못해 결국 조나라에 인질로 보내졌다. 누가 봐도 그는 아무도 거들떠보지 않는 재고품이나 다름없었다.

그러나 여불위는 자신만의 혜안이 있었다.

227

---

5 이 절의 내용은 『사기』 「여불위열전」과 『전국책』 「진책오秦策五」 참고.

여불위가 보기에 '기화가거' 이 네 글자 중에서 핵심은 '가거可居', 즉 차지할 수 있느냐에 있었다. 차지할 수 없는 물건은 아무리 값이 나가도 의미가 없기 때문이었다. 만약 이인이 태자이거나 적자, 장자여서 아니면 그의 생모가 총애를 받아서 그 값이 향후에 폭등할 것이 분명했다면 치열한 경쟁 때문에 여불위는 그에게 접근하기도 힘들었을 것이다. 하지만 그 반대여서 그가 조나라로 보내졌기에 여불위는 비로소 기회를 잡을 수 있었다.

이때 여불위는 자신의 아버지에게 물었다.

"농사를 지으면 이득이 얼마나 되죠?"

"열 배 정도 되겠지."

여불위는 또 물었다.

"보석 장사를 하면요?"

"백 배는 되겠지."

여불위가 다시 물었다.

"한 나라의 왕을 길러내면요?"

"그건 계산할 수조차 없다."

그렇게 거액의 이득이 남는다면 당연히 시도해볼 가치가 있었다. 그러나 문제는 재고품을 귀한 물건으로 바꾸는 것이었다. 과연 가능한 일이었을까?

가능했다.

앞에서 말한 대로 이인은 안국군의 아들이었다. 이때 안국군은 이미 태자였기 때문에 조만간 진왕이 될 예정이었다. 그런데 그의 스무 명이 넘는 아들 중에는 적장자가 한 명도 없었다. 바꿔 말하면 그의 아들 모두가 태자가 될 가능성이 있었던 것이다.

여불위는 바로 이 점을 노렸다. 그가 이인을 안국군의 후계자로 만들 수만 있다면 그것은 곧 미래의 진왕을 길러내는 것과 마찬가지였다. 그것은 적은 투자로 엄청난 이윤을 남기는 장사였다.

이제 관건은 이인을 적자로, 즉 태자로 세우는 것이었다. 이 일은 누구에게 달려 있었을까?

법적으로 보면 당연히 안국군에게 달려 있었다. 그러나 안국군을 좌지우지할 수 있는 인물은 화양부인華陽夫人이었다. 안국군의 총희寵姬였던 화양은 이때 부인으로 승격된 상태였다. 안국군은 그녀를 몹시 사랑하여 그녀의 말이라면 무엇이든 들어주었다. 따라서 그녀의 한마디면 이인은 몸값이 백 배로 뛸 수 있었다.

그러면 여불위는 무슨 방법을 써서 화양부인으로 하여금 이인을 떠올리고 받아들이게 했을까?

여불위는 그녀가 이해타산을 하게 도왔다.

그 이해타산은 사실 쉬웠다. 왜냐하면 화양부인에게는 아들이 없었기 때문이다. 다시 말해 안국군이 죽고 나서 그 뒤를 이어 진왕이 **229** 되는 사람은 어쨌든 남의 아들일 수밖에 없었다. 그런데 만약 그 사람이 화양부인의 양자라면 그녀는 자기 아들이 왕이 된 것이나 다름 없었다. '자기 아들'과 '남의 아들' 중에서 태자를 고른다면 그녀는 주저할 필요가 전혀 없었다.

그런데 어차피 입양을 해야 하는 마당에 화양부인은 왜 굳이 이인을 골랐을까? 여불위가 이인밖에 없다고, 외롭고 의지할 데 없는 이인만이 마치 친어머니처럼 그녀에게 효도할 것이라고 그녀를 납득시켰기 때문이다. 물론 그 효도는 덕이 있어서가 아니라 이익 때문일 것이다. 화양부인이 있어야 이인은 왕위에 오를 수 있었고, 또 이인이 있어야 화양부인은 여생을 마음 편히 보낼 수 있었다. 한쪽은 후원자가 필요했고 다른 한쪽은 보험이 필요했으니 상호 '윈윈'으로 거래가 성사되었다. 안국군도 화양부인에게 이인을 적자로 삼겠다고 맹세했다.

그런데 조나라가 이인을 놓아주지 않았다.

여불위는 할 수 없이 조나라에 가서 이번에는 조나라인의 이해타산을 도왔다.

"진나라가 조나라를 치려고 마음먹으면 인질로 보낸 공자 한두 명을 신경 쓸 리 없습니다. 그때는 당신들이 이인을 붙들고 있어봤자 공수표를 쥐고 있는 것이나 다름없습니다. 그러나 반대로 지금 아량을 베풀어준다면 이인은 훗날 당연히 덕으로 덕에 보답할 테니 당신들은 유가증권을 쥐고 있는 것이나 다름없습니다. 유가증권과 공수표 중에 무엇을 택하겠습니까?"

조왕은 즉시 이인을 정중히 진나라로 돌려보냈다.

마침내 진나라로 돌아온 공자 이인은 여불위에 의해 잘 포장되어 다시 세상에 선보여졌다. 그는 심지어 이인에게 초나라의 옷을 입혀 화양부인을 보러 가게 했다. 본래 초나라 출신인 화양부인은 기뻐하며 이인에게 말했다.

"아들아, 나는 초나라 사람이니 앞으로 너를 '초楚'라고 부르겠다."

이때부터 이인은 이름을 초로 바꿨다.

공자 초는 운이 좋았다. 기원전 251년에 소양왕이 죽고 안국군이 그 뒤를 이어 효문왕孝文王이 되었지만 겨우 재위 1년 만에 세상을 떠났다. 그래서 공자 초가 순조롭게 즉위하여 장양왕莊襄王이 되었다.

여불위는 운이 더 좋았다. 3년 뒤, 그가 길러낸 장양왕도 세상을 떠나고 왕후 조희趙姬의 아들이 왕위에 올랐다. 조희는 본래 여불위의 여자였는데 이인의 눈에 들었고 나중에 장양왕후가 되었다. 그런데 조희는 여불위의 품을 떠나 이인에게 갈 때 이미 임신한 상태였다고 한다. 그래서 왕이 된 그녀의 아들이 본래 여불위의 아들이라고 주장하는 사람도 있다.

이 일은 계속 미스터리로 남겨두는 수밖에 없다. 하지만 어쨌든 왕이 된 조희의 아들이 아직 소년이었기 때문에 진나라의 대권은 여불위의 수중에 들어갔다. 그때 이미 재상의 신분이었던 여불위는 또 상국相國으로 높여지고 왕의 아버지와 버금간다 하여 중부仲父라는 칭호

231

까지 얻었다. 그의 권력은 실로 조정과 민간을 다 좌지우지할 정도였다. 그는 심지어 사공자인 맹상군, 평원군, 신릉군, 춘신군을 흉내 내어 수많은 사인을 부양하면서 그들에게 일종의 백과전서 형식의 저작인 『여씨춘추呂氏春秋』를 편찬하게 했다.

여불위는 성공한 것일까?

당연히 성공했다. 그는 초기 투자와 대비해 어마어마한 수익을 거둔 데다 명성까지 손에 넣었다. 일설에 따르면 『여씨춘추』가 완성된 후, 여불위는 책과 상금을 함양의 성문 위에 걸어놓고 그 책을 한 글자라도 고치거나 가감하는 사람에게는 천금을 주겠노라 큰소리를 쳤다고 한다.

'기화가거'와 '일자천금一字千金'이라는 두 고사성어가 생기는 데 공헌한 여불위는 그때 자기 삶의 최고봉에 다다랐다. 그 최고봉은 누구도 감히 넘볼 수 없었다. 그 후로도 정치에 참여했거나 정치의 힘을 빌려 장사를 한 상인이 없지는 않았지만 여불위를 넘어선 사람은 아무도 없었다.

이와 동시에 여불위는 최고의 자리에서 순식간에 천 길 낭떠러지 아래로 추락했다. 새 진왕이 즉위한 지 10년 만에 여불위는 상국의 자리에서 쫓겨났다. 그리고 2년 뒤에는 강요를 받아 자신의 봉지에서 음독자살했다.

여불위는 그 많은 돈을 번 것이 무의미하게 되었다.

여불위를 그 지경으로 몰아넣은 사람은 바로 조희의 아들이자, 생부가 장양왕 이인일 수도, 문신후文信侯 여불위일 수도 있는 그 남자아이였다. 그의 이름은 영정으로서 진 왕국 최후의 국왕이면서 진 제국의 초대 황제였다. 바로 그가 전국 시대를 그리고 선진시대先秦時代(진시황의 천하통일 이전의 시대, 즉 전설상의 삼황오제 시대부터 전국 시대까지를 일컫는 말)를 종결짓고 새로운 시대, 즉 제국과 왕조의 시대를 열었다.

그렇다. 그는 바로 진시황이었다.

하지만 그의 이야기는 나중에 다룰 것이다.

전국 시대는
어떤 시대였나

전국 시대에는 도박꾼, 사기꾼, 식객, 상인 등 각양각색의 인물들이 차례로 무대에 등장해 다채롭고 요란한 희극과 비극을 연출했다. 여기에 참여한 사람들은 사실 지금까지 소개한 이들보다 훨씬 더 많았다. 자기 자신을 추천한 모수毛遂, 진왕을 찌른 형가荊軻, 조나라를 구한 신릉군 등도 독자들에게 매우 익숙한 이름들이다. 그런데 이제 우리는 이런 질문을 하지 않을 수 없었다. 전국 시대는 도대체 어떤 시대였을까?

도박꾼의 시대였다.

시대는 사람과 마찬가지로 개성이 있다. 그래서 춘추 시대와 전국 시대를 사람에 비유한다면 춘추 시대가 귀족이면 전국 시대는 평민이며 춘추 시대가 군자면 전국 시대는 소인이다. 그리고 춘추 시대가 영웅이면 전국 시대는 도박꾼이다. 다만 전국 시대의 도박꾼들 중에는 **234**

혈기왕성한 자들이 많았고 동시에 협객인 경우까지 있었다. 협객의 도박은 당연히 화끈했다. 그 기백과 협의는 지금까지도 사람들의 존경과 동경의 대상이다.

풍환을 예로 들어보자.

풍환은 물론 도박꾼이었다고 말하기는 곤란하지만 역시 도박을 하기는 했다. 그가 맹상군을 위해 민심을 매수한 것이 바로 도박이었다. 사실 그가 채무 변제 기한을 연장해주고 차용증을 불사른 것은 맹상군의 허락을 받고 한 일이 아니었다. 그리고 나중에 맹상군이 재상 자리에서 쫓겨나지 않았으면 그 투자는 빛을 못 보았을 것이다. 그러므로 설읍에서 호기롭게 차용증을 불사를 때 그는 도박을 하고 있었던 것이다.

그러나 풍환은 또한 의리를 중요시했다.

맹상군이 파직된 후, 그의 문하에 있던 3000명의 식객들은 다 뿔뿔이 흩어졌다. 남은 사람은 풍환뿐이었고 그의 재기를 도운 사람도 역시 풍환뿐이었다. 그래서 재상직에 복귀한 뒤 맹상군은 풍환에게 말했다.

"그 소인들이 감히 다시 돌아온다면 나는 그자들의 얼굴에 침을 뱉겠습니다!"

이 말에 풍환은 갑자기 허리를 굽혀 절을 했다. 놀란 맹상군이 물었다.

"선생은 설마 그자들을 대신해 사죄하신 겁니까?"

풍환이 말했다.

"아닙니다. 소신은 군주의 부당한 말씀에 관해 사죄한 겁니다. 군주께서는 알아두셔야 합니다. 죽고 사는 것은 하늘의 변치 않는 도이고 가난을 싫어하고 부를 좋아하는 것은 인간의 변치 않는 감정입니다. 시장에 가는 사람들이 아침에는 몰리고 저녁에는 얼씬도 않는 것이 설마 아침을 좋아하고 저녁을 싫어하기 때문이겠습니까? 아닙니다. 그들이 원하는 물건이 저녁이 되면 다 떨어지기 때문입니다. 그러니 그자들이 떠난 것을 탓하지 마십시오."[6]

이것 역시 풍환이 의리를 중시한 사례일 수 있지만 그가 강조한 도리는 이익이며 맹상군에 대한 그의 충성도 이익으로 표현되었다. 이런 점은 춘추 시대와는 판이하게 다르다. 춘추 시대에는 말끝마다 예를 논했고 전국 시대에는 말끝마다 이익을 논했다. 이 점은 『국어』와 『전국책』을 비교해보면 금세 알 수 있다.[7]

여기에서 전국 시대의 시대적 특징이 도출된다.

그것은 공리주의功利主義다.

소진은 틀림없이 이를 깊이 깨달았을 것이다. 처음에 그가 외지에 나가 아무 소득 없이 고향으로 돌아왔을 때, 사람들은 모두 그를 무시했다. 부모조차 그에게 말도 걸지 않았다. 그런데 그가 여섯 나라의 재상이 되어 금의환향했을 때는 가족들 모두가 그를 똑바로 쳐다

---

6 『사기』「맹상군열전」참고.

7 고염무顧炎武도 『일지록日知錄』「주말풍속周末風俗」에서 "춘추 시대에는 예를 존중하고 신용을 중시했지만 전국 시대에는 예와 신용을 일절 이야기하지 않았다春秋時猶尊禮重信, 而七國則絶不言禮與信矣"라고 했다.

보지도 못했고 형수는 종처럼 그의 식사 수발을 들었다. 소진은 웃으며 그녀에게 물었다.

"다들 전에는 그렇게 거만하더니 지금은 왜 이렇게 공손한 건가요?"

형수는 넙죽 엎드려 땅에 얼굴을 댄 채 말했다.

"그건 나리가 지금 권세와 돈이 있기 때문이죠."

그것은 실로 적나라한 사실이었다. 소진은 탄식하며 말했다.

"사람이 빈궁하면 부모조차 자식으로 안 여기고 사람이 부귀를 얻으면 친척들이 다 몰려와 비위를 맞춘다. 사람이 세상에 살면서 설마 금전과 지위에 초연할 수 있을까?"[8]

이것은 그의 절절한 경험에서 우러나온 말이다.

확실히 전국 시대는 '진짜 소인'의 시대였다. 그 200년 간, 사회는 각양각색의 사람들에게 넓은 활동 영역과 무한한 가능성을 제공했다. 예를 들어 우경虞卿은 본래 성과 이름조차 없는 알거지였다. 그러나 짚신을 신고 우산을 쓴 채 조나라 효성왕孝成王에게 유세를 가서 처음 만났을 때는 황금 2000냥과 백옥白玉 한 쌍을 받고 두 번째 만났을 때는 상경上卿의 작위를 받았다. 그야말로 벼락출세를 한 것이다. 이처럼 하루아침에 신세를 고칠 수도 있었으니 사인마다 마음이 동하지 않았을 리 없다.[9]

237　　더구나 문턱이 극히 낮았다. 입만 있으면 가능했다. 밑천도 안 들었

---

8 『사기』「소진열전」, 『전국책』「진책일」 참고.
9 『사기』「평원군우경열전」 참고.

다. 한바탕 떠들기만 하면 그만이었다. 그래서 장의는 도둑으로 오인받아 흠씬 두들겨 맞고 고향으로 돌아왔을 때 대뜸 이런 소리를 했다.

"마누라, 내 혓바닥은 아직 붙어 있소?"

아내가 웃으며 말했다.

"아직 붙어 있긴 하네요."

"그러면 됐소!"[10]

심지어 세 치 혀가 없어도 상관없었다. 예를 들어 맹상군의 식객 중에는 별의별 사람이 다 있었다. 그 중에서 개 흉내를 잘 내는 사람은 그 재주로 진나라의 창고에 숨어들어 흰 여우 가죽옷을 훔쳐서 진왕의 애첩에게 뇌물로 바쳤다. 그녀는 곧 진왕을 구슬려 당시 진나라 감옥에 갇혀 있던 맹상군을 풀어주게 했다. 또한 닭 울음소리를 잘 내는 사람도 있었다. 맹상군이 진나라를 탈출하다가 밤에 함곡관에서 발이 묶였을 때 바로 그가 닭 울음소리로 문을 열어 맹상군이 무사히 빠져나가게 했다. 당시 함곡관은 닭이 울어야 사람들의 통행을 허락했다. 이처럼 그 시대에는 극히 보잘것없는 재주로도 부귀영화를 노릴 수 있었다.[11]

그러니 맨발인 사람이 신발을 신은 사람을 두려워할 리도 없었다. 본래 땡전 한 푼 없는 사람이 도박 한판에 부귀영화를 손에 넣을 수도 있었기 때문이다. 사실 풍환이 의리를 중시하여 성공한 것은 의외의 수확이었다. 여불위처럼 다른 사람을 이롭게 해 자신의 이익을 취   **238**

---

10 『사기』 「장의열전」 참고.
11 『사기』 「맹상군열전」 참고.

하는 것이 똑똑한 방법에 속했다. 조나라 한단邯鄲에서 처음 이인을 만났을 때 여불위는 대단히 솔직하게 자기 생각을 털어놓았다.

"소생은 당연히 가문을 빛내려 합니다. 그러나 소생의 가문은 공자님의 가문에 의지해야 빛날 수 있으니 우리는 손을 잡아야 합니다."

전국 시대는 이익을 좇는 시대였다.

그런 시대에는 이렇다 할 도덕심 같은 것이 존재하지 않는다. 소진은 심지어 연 역왕易王에게 이런 말까지 했다.

"소신이 신용을 따지지 않는 것이야말로 대왕의 복입니다. 신용을 따지는 자들은 다 도덕을 사수할 뿐 대왕의 이익을 위해 동분서주하지 않습니다."

소진의 이 말은 억지가 아니라 오히려 통찰력이 번뜩인다. 사실 전국 시대의 왕과 제후들은 대부분 도박꾼이나 다름없었다. 그들이 국제관계에서 보인 행태는 도박꾼의 심리와 거리가 멀지 않았다. 이른바 "찬탈하는 사람이 왕후의 반열에 올랐고 사기에 능한 나라가 흥하여 강국이 되었다篡盜之人, 列爲侯王; 詐譎之國, 興立爲强."[12] 그래서 상류사회는 인의를 버리고 권모술수에, 각 나라는 양보를 멈추고 전쟁에 열중했다. 그 결과, 책략가들이 시운을 타고 출현했으며 불한당들이 단숨에 높은 자리에 올랐다.

그것이 바로 전국 시대였다. 공리만 따지고 도의는 따지지 않았고
239 목적을 위해서는 수단 방법을 가리지 않았으며 누구든 권력을 쥐기

---

12 유향劉向의 『전국책』 「서序」 참고.

만 하면 최고였다.

전국 시대는 도덕이 없는 시대였다.

춘추 시대가 그저 예악이 붕괴된 시대였다면 전국 시대는 이미 도덕이 사라진 시대였다. 이것은 화하문명에 있어서 의심할 여지없이 매우 심각한 사태였다. 왜냐하면 화하문명의 기반은 정전제도, 종법제도, 봉건제도, 예악제도였으며 덕으로 나라를 다스리고, 예로 질서를 유지하고, 악樂으로 조화에 이르러야 한다는 것이 모든 사람의 공통된 인식이었기 때문이다. 덕치는 '하나의 중심'이었고 예악은 '두 가지 기본 포인트'였다. 화하민족의 핵심적인 가치관은 이 체계 속에 구현되었다.

그러나 이 체계는 전국 시대에 분열되고 붕괴되었다. 생각해보면 그렇게 되지 않을 도리가 없었다. 초나라는 남만, 진나라는 서융, 연나라는 북적, 전진씨의 제나라와 조, 위, 한은 찬탈의 소산이었으니 어느 한 나라도 주나라의 적통이거나 순혈의 왕족이 아니었다. 더군다나 어느 나라가 화하문명의 정수를 이었다 한들 세 가지 대변혁을 막을 수는 없었다. 그것은 첫째, 토지의 국유화였다. 호적에 따라 소농에게 토지를 주고 세금을 거두기 시작했다. 둘째는 제후의 겸병이었다. 토지와 백성들을 더 이상 분봉하지 않게 되었다. 셋째는 중앙집권이었다. 경, 대부와 지방관을 왕이 일괄적으로 임명했다. 다시 말해 정전제가 폐지되고 수전제授田制(성년이 된 사람에게 나라가 토지를 주어 농사를 짓게 하고 그 사람이 죽으면 나라에 반납케 하는 제도)가, 봉건제가 폐지되고 군현제가, 그리고 세경제世卿制(군주가 혈연의 친소에 따라 자신의 친족에게 작위나 관직을 부여하는 제도)가 폐지되고 관료제가 세워졌다. 경제적 토대부터 상부구조까지 모든 것이 변했다. 그러니 사회생활, 문화심리, 이데올로기도 변하지 않을 수 없었다.[13]

토대가 흔들리고 기둥이 무너진 상태에서 중국은 어디로 가야 했을까?

241

---

13 선창윈沈長雲·양산췬楊善群의 『전국사와 전국문명戰國史與戰國文明』 참고.

누가 중국에
답했을까

역사의 질문에 답할 수 있었던 이는 사인士, 오직 사인밖에 없었다.

사인은 전국 시대라는 무대의 주인공이었다. 그 이전 시대의 주인공이 서주 시대에는 왕, 동주 시대에는 제후, 춘추 시대 중후기에는 대부였던 것처럼. 그래서 우리 기억 속에 깊이 각인된 풍운아들은 앞에서는 무왕, 주공이고 가운데에서는 제 환공, 진 문공이며 뒤에서는 자산, 조앙이다. 그들은 각 시대의 대표자였다.

전국 시대의 역사는 사인들에 의해 씌어졌다.

사인士이란 무엇일까?

사인은 춘추 시대에는 가장 낮은 등급의 귀족이었다. 앞의 세 등급은 천자, 제후, 대부였다. 그리고 진한秦漢 시대와 그 이후에는 가장 높은 등급의 평민이었다. 뒤의 세 등급은 농민, 공인, 상인이었다.

그러면 전국 시대의 사인은 무엇이었을까?

정신적 귀족이었다.

정신적 귀족이란 단지 정신적 영역에서만 귀족이었음을 뜻한다. 그 이유는 사인에게는 부동산도, 통치권도 없었기 때문이다. 물질은 없고 정신만 있으면 정신적 귀족이 되게 마련이다.

하지만 어쨌든 귀족인 이상 귀족의 권리와 의무가 있었으며 참정권을 뜻하는 치관緇冠, 종군권을 뜻하는 피관皮冠, 제사권을 뜻하는 작관爵冠 같은 표시도 있었다. 그 모자들은 권리와 신분의 상징이었다. 그래서 일찍이 자로는 죽을지언정 모자를 벗으려 하지 않았다.

그것은 귀족정신이었다.

귀족정신이 있으면 군자의 풍모가 있다. 그래서 춘추 시대에는 비록 예악이 붕괴되기는 했지만 도덕의 소멸에까지 이르지는 않았다.

그런데 전국 시대에 접어들어 사인은 권리와 의무가 다 사라지고 달랑 검 한 자루만 남았다. 그것은 그들이 관례를 치를 때 얻는,[14] 귀족의 상징이었다. 그래서 사마천은 진시황의 성년식을 기록하면서 특별히 "칼을 찼다帶劍"고 적었다.[15] 마찬가지로 풍환과 한신韓信은 무일푼 신세였는데도 검을 몸에서 떼지 않았다. 검은 귀족의 도구이면서 군자의 도구이고 왕의 도구이기도 했다.

검은 신분과 더불어 교양을 뜻하기도 했다. 일반적으로 사인은 비교적 좋은 교육을 받을 수 있었다. 그들의 교육 조건은 꼭 최상은 아니었지만 학습의 적극성만은 대체로 매우 높은 수준이었다. 왜냐하

243

---

14 주나라 시대 귀족의 성년식에 관해서는 『이중톈 중국사3—창시자』 참고.
15 『사기』 「진시황본기」 참고.

면 그들에게 신분은 있으되 지위가 없고 의무는 있으되 직무는 없고 사업은 있으되 재산은 없었기 때문이다. 유일한 활로는 더 높은 귀족에게 봉사하여 녹봉과 전답을 얻는 것이었다.

그것은 수완이 없으면 불가능했다.

그래서 사인에게 첫 번째로 중요한 일은 '수신修身'이었다. 수신을 마치면 바깥에서 일을 할 수 있었다. 그 중에서 대부를 도와 채읍을 건사하는 일이 '제가齊家', 제후에게 협조해 방국을 다스리는 일이 '치국治國', 천자를 보조하여 세상을 안정시키는 일이 '평천하平天下'였다.

그러나 제가든 치국이든 사인은 다 피고용인이었고 제후와 대부가 주인이었다. 다만 춘추 시대의 주인과 피고용인은 서로 혈연관계였으며 사인은 또 세습되는 직무와 고정적인 일이 있거나 관중 시대의 제나라에서처럼 국가의 부양을 받았다. 하지만 전국 시대의 사인은 스스로 알아서 일을 찾아야 했고 제후와 대부와의 관계도 순수하게 고용관계였다. 이런 까닭에 사인들은 일을 돕든, 범죄를 공모하든, 아니면 아부를 하든 자기 주관대로 할 수 있는 일이 거의 없었다. 아울러 생계를 유지하거나 출세를 하기 위해 원칙을 버린 채 남에게 영합하고 근시안적으로 처신하는 경우가 많았다. 이것은 곧 전국 시대에 사람들이 눈앞의 성과와 이익에만 급급하고 사회적 기풍이 급속히 문란해졌던 원인 중 하나였다.[16]

다행히 이런 상황과 사뭇 반대되는 측면도 있었다.

---

16 유향은 『전국책』「서」에서 "전국 시대에는 군주의 덕이 부족해 그들의 책사는 형세에 따라 돕고 시기에 맞춰 계획했다. 그래서 그 책략은 위기를 모면하는 일시적인 임시변통이었다戰國之時, 君德淺薄, 爲之謀策者, 不得不因勢而爲資, 据時而爲畫, 故其謀扶急持傾, 爲一切之權"라고 했나.

　반대되는 측면이란, 국제적인 사안과 정치에서의 사인들의 역할이 갈수록 중요해진 것이었다. 그것은 춘추 시대와 전국 시대의 차이점이기도 했다. 특히나 중량급 사인들이 어느 나라의 발전에 기여하다가 훌쩍 떠나면 그 나라는 국내 정치와 대외 관계가 다 곤란해지곤 했다. 그들이 "초나라에 머무니 초나라가 강해졌고, 제나라를 떠나니 제나라가 약해졌고, 조나라에 충성을 바치니 조나라가 완벽해졌고, 위나라를 배신하니 위나라의 국력이 크게 손상되었다入楚楚重, 出齊齊輕, 爲趙趙完, 叛魏魏傷."[17] 그야말로 핵무기나 다름없었다.

　이로 인해 각국의 왕후장상은 능력 있는 사인들을 예의와 겸손으로 대하지 않을 수 없었다. 그들은 심지어 자신의 의식주를 줄이면서까지 사인들을 부양했다. 제나라의 재상 전성자田成子는 매년 자기 수입의 대부분을 사인들에게 썼다.[18] 맹상군 문하의 식객 3000명은 매일 그와 똑같은 상차림의 식사를 했다. 식객들이 의심을 하면 맹상군이 몸소 밥상을 들고 나와 확인시켜줬다.[19] 권력자들의 사인에 대한 겸손과 공경은 여기에서 정점을 이루었다.

　이와 반대로 사인은 권력자들의 눈치를 볼 필요가 전혀 없었으며 심지어는 오만한 태도를 취하기까지 했다. 언젠가 위나라의 사인 전자방田子方이 태자 격擊(훗날의 위 무후武侯)과 좁은 길에서 마주쳤다. 태자는 서둘러 길을 양보하고 수레에서 내려 예를 취했지만 전자방은 답례도 없이 이렇게 말했다.

---

17 왕충王充의 「논형論衡」 「효력效力」 참고.
18 전성자는 "소 한 마리를 잡으면 자기 몫으로는 한 근만 떼고 나머지는 사인들을 먹였으며 연말이 되면 의복도 자기 몫으로는 두 벌만 떼고 나머지는 사인에게 입혔다殺一牛, 取一豆肉, 餘以食士; 終歲, 布帛取二制焉, 餘以衣士"고 한다. 「한비자」 「외저설우상外儲說右上」 참고.
19 「사기」 「맹상군열전」 참고.

"제후가 사람을 무시하면 나라를 잃고 대부가 사람을 무시하면 채읍을 잃습니다. 우리 사인은 의견을 올려 받아들여지지 않으면 나라를 바꾸면 그만입니다. 옳고 그름을 모르는 권력자와 관계를 끊는 것은 짚신 한 짝을 버리는 것과 같아 별로 대수로울 것이 없습니다."

태자는 듣고서 맞장구를 칠 수밖에 없었다.[20]

왕후장상들의 이런 태도는 혹독한 국제 경쟁과 권력 투쟁으로 인해 어쩔 수 없이 취해진 것이긴 했지만 은연중에 정신문명의 발전에 기여했다. 우리가 알다시피 지식인 계층이 가장 바라는 조건은 첫째가 풍족한 의식주이며 둘째는 언론의 자유다. 이 두 가지만 확보되면 사상의 원천이 샘솟고 문명의 성과가 곳곳에서 꽃을 피우게 마련이다.

전국 시대에는 이 두 가지가 다 있었다.

사실 전국 시대의 지식인 계층은 그 대다수가 왕과 대부의 부양을 받기는 했지만 사실상 책임을 질 필요가 없었으며 어떠한 제약도 받지 않았다. 그들은 책을 써서 학설을 세울 수도 있었고, 고담준론을 펼칠 수도 있었고, 계책을 꾸밀 수도 있었고, 탁상공론을 할 수도 있었고, 마음에 안 들면 훌쩍 나라를 떠날 수도 있었다. 자유를 빼앗길 일도, 말 때문에 화를 입을 일도 없었다.

부양을 받지 않는 사인은 더더욱 그러했다.

그래서 200년간의 전국 시대는 모순이 가득한 시대였다. 백성들은 도탄에 빠져 있는데도 사인들은 존경을 받았으며 사회가 어지러운데 **246**

---

20 「사기」「위세가」 참고.

도 학문은 전례 없이 발전했다. 그리고 도덕은 땅에 떨어졌는데도 사상은 매우 자유로웠다. 중국 역사상 가장 어둡고 고통스러웠던 그 동란의 시대는 사실 사상과 문화의 황금기였다. 그 황금기는 춘추 시대 말기 공자로부터 시작되었다.

이것은 이상한 일일까?

그렇지 않다.

사회가 급변하고, 천하가 혼란하고, 도덕이 소멸하고, 공통된 지향점이 사라졌기 때문에 중국이 과연 어디로 나아가야 할지가 문제가 되었다. 동시에 국경과 종족을 초월하는 엘리트 계층이 부상하는 한편, 여론을 탄압할 수 있는 통일적 권력이 부재했기에 그 문제에 답할 수 있는 가능성이 생겼다.

그래서 유가는 문사文士를, 묵가는 무사를, 도가는 은사를, 법가는 모사謀士를 대표하여 앞 다퉈 자신들의 주장을 펴고 역사의 흐름에 영향을 미치려 했다. 그들은 당시 가장 자유롭고 가장 활력이 넘치는 세력이었다. 자유로워서 백가百家가 생겼으며 활력이 넘쳐서 쟁명爭鳴이 전개되었다.

세기의 대논쟁이 시작되었다.

이제 그들의 빛나는 논전을 살펴보도록 하자.

저자 후기

베이징에서 열린 『이중톈 중국사』 1권 '선조'와 2권 '국가'의 출판기념
회에서 나는 어느 기자와 대담을 나누었다. 그 기자는 "혼자 힘으로
5년에서 8년 내에 36권짜리 중국사를 쓰신다니 어렵지 않으세요?"라
고 물었다. 나는 "어렵지요. 당연히 어렵지요"라고 답했다. 그러자 기
자는 또 "힘들지 않으세요?"라고 물었고 나는 "힘들지요. 당연히 힘
듭니다"라고 답했다. 기자는 다시 "방법이 있나요?"라고 물었으며 나
는 "있지요. 당연히 있습니다"라고 답했다.

　나의 방법은 자기 전에 탐정소설을 읽는 것이다.

　신싱출판사新星出版社의 셰강謝剛과 추멍褚盟이 이 소문을 듣고 자신들
의 '심야 문고'를 계속 보내오고 있다. 그 책들에서 나는 은연중에 한
가지 기법을 배웠다.

　그 기법은 제프리 디버의 것인데 '격자 이동하기'라고 불린다.　　**250**

'격자 이동하기'는 일종의 수사 기법이다. 그 구체적인 방법은 머릿속에서 범죄 현장을 몇 개의 격자로 그린 뒤, 격자 하나하나마다 증거를 수집하는 것이다. 이 기법의 장점은 어떠한 단서도 놓치지 않는다는 것과 높은 효율성이다. 나는 이 고효율의 기법을 완벽하게 글쓰기에 적용했다. 그래서 그 방식으로 '선조'를 썼다. 이브, 여와, 복희, 염제, 황제, 요·순·우가 여섯 개의 격자였다. '청춘지'도 그렇게 썼다. 자객, 연인, 전사, 신하, 사신, 귀신도 여섯 개의 격자였다.

단지 디버는 '격자 이동하기'이고 나는 '격자 채우기'였다.

그러나 5권에서는 힘들었다.

그 시대의 역사 기간이 길고 단서가 많으며 인물 관계가 복잡했던 것이 가장 큰 어려움이었다. 기원전 722년에 『춘추』가 시작되고 기원전 221년에 전국 시대가 끝났으니 무려 500년의 세월이었다. 이를 환산하면 1만 자 당 100년씩 역사를 서술해야 했다. 물론 아주 불가능하지는 않았지만 전후 맥락과 인과관계를 밝히고 여기에 피와 살을 부여해야 하니 정말 보통 일이 아니었다.

그러나 해내야만 했다.

내가 보기에 훌륭한 역사책은 역사관이 없어서는 안 된다. 그것은 영혼이다. 역사적 식견도 없어서는 안 되며 그것은 뼈대다. 또한 사료와 역사적 감수성도 없어서는 안 되는데 그것들은 각기 피와 살, 그리고 분위기에 해당한다. 분위기가 없으면 매력이 없으므로 역사가 수술대 위의 미라처럼 느껴지게 된다.

그것은 내가 원하는 바가 아니다.

역사적 감수성은 당연히 공감을 통해 얻어지지만 한 가지 기법도 필요하다. 그것은 현장의 환원이다. 현장을 환원해야만 당시 상황을 추체험할 수 있고 당시 상황을 추체험해야만 공감이 강화된다. 바로 이것이 본서를 무미건조한 줄거리 요약이 아닌, 생생하고 감동적인 텍스트로 만들어준다.

어쨌든 나는 핵심적인 것들에 집중해야 했다.

그러려면 이제 무엇을 버리고 무엇을 취할 것인지가 문제였다.

우선 꼭 넣어야 할 것을 살폈다. 제 환공이 패주가 된 것과 상앙의 변법은 각기 춘추 시대와 전국 시대의 대표적인 사건이다. 전진씨의 제나라 장악과 세 가문이 지씨를 멸한 것은 춘추 시대와 전국 시대의 분수령이었다. 그리고 춘추 시대를 연 정 장공, 전국 시대를 종결지은 여불위도 빠뜨려서는 안 된다. 이로부터 연결되는 송 양공, 진 문공, 진 목공, 초 장왕, 합려, 부차, 구천, 자산, 삼환, 소진, 장의 등도 빼놓을 수 없다. 여기에 기타 관련 인물과 사건까지 더하니 꽉 차버렸다. 더 이상 여유가 없었다.

남은 일은 잘라내기였다.

잘라내기도 쉬운 일은 아니다. 다행히 진왕 영정은 나중을 위해 남겨두었다. 역시 다행인 것은 신포서申包胥가 진나라에 가서 운 것(초나라 **252**

가 오나라의 침공으로 국운이 위태로워지자 초나라 대부 신포서는 진나라에 찾아가 7일 동안 먹지도 않고 울며 구원병을 보내달라고 애원해 목적을 이루었다)과 신릉군이 조나라를 구한 사건(진나라의 침공을 받은 조나라가 위나라에 원병을 요청했지만 위 안리왕安釐王은 진비晉鄙가 이끄는 10만의 군대를 꾸리고도 진나라의 눈치를 보느라 시간만 끌고 있었다. 이에 신릉군은 안리왕의 애첩 여희如姬의 도움으로 병부兵符를 훔쳐 와서 진비의 병권을 빼앗고 군대를 출동시켜 조나라를 구했다), 그리고 인상여藺相如의 민지澠池에서의 의분(진왕과 조왕이 민지에서 주연을 가질 때, 조왕은 진왕의 강요로 비파를 타야 했다. 이에 조왕의 신하 인상여는 격분하여 진왕도 장구를 쳐야 한다고 청했지만 진왕은 말을 듣지 않았다. 결국 인상여는 장구를 치지 않으면 다섯 걸음 거리에서 자기 목을 찔러 피를 뿌리겠다고 위협해 자기 뜻을 관철했다) 등은 이미 잘 알려진 이야기여서 잘라내도 무방했다. 그리고 똑같은 식객인데도 풍환은 뽑고 모수는 뽑지 않은 것은 풍환이 더 대표성이 있고 이야기도 더 볼 만한 포인트가 있기 때문이다. 그래서 비록 모수가 '모수자천'과 '탈영이출脫穎而出'(날카로운 끄트머리는 자루를 뚫고 나온다는 뜻으로 누군가의 재능이 완전히 드러나 보임을 비유하는 말) 이 두 가지 고사성어가 만들어지는 데 공헌하기는 했지만 나는 풍환을 택했다.

대표성과 전형성과 이야기성은 두 번째 원칙이었다.

세 번째 원칙은 가독성이었다. 특히 독자들을 위해 독서의 장애물을 배제하려 했다. 선진시대는 어쨌든 먼 옛날이기 때문에 독자들이

수많은 이름들을 일일이 다 기억하기 어렵다. 그래서 쓴 방법 중 하나
는 가능한 한 동일 인물을 반복해서 등장시키는 것이었다. 사실 글만
잘 쓰면 한 장의 낙엽으로도 세상에 가을이 왔음을 알릴 수 있다.

효과가 어떤지는 독자들이 직접 검증해줄 것이다.

이중톈과 자유

한글날, 새벽 4시에 눈이 떠진 김에 일찌감치 사무실에 나왔다. 관성적으로 컴퓨터를 켜 크롬을 띄웠고 문득 이중톈의 근황이 궁금해져 그의 블로그를 찾아 들어갔다. '일지日誌'라는 카테고리에 속한 두 편의 글이 제일 먼저 눈에 들어왔다. 한 편은 「현명한 전제정치도 민주주의는 아니다」라는 짧은 단상이었고 다른 한 편은 「자유를 위해서라면」이라는 제목의 신문 인터뷰였다. 모두 2010년에 씌어진 이 글들에 나는 금세 시선을 빼앗겼다.

1. 「현명한 전제정치도 민주주의는 아니다」

2010년 11월 26일, 중국의 유명한 헌법학자 차이딩젠蔡定劍이 위암으로 세상을 떠났다. 그가 마지막으로 남긴 말은 "입헌민주주의는 우리 세대의 사명이다"였다. 이중톈은 그의 이 유언을 가슴속에 새기기 위해 그날 저녁 추도시 한 편을 써서 블로그에 올린다.

헌정憲政은 한정限政(정치를 제한한다는 뜻)이니
공권력은 팽창해서는 안 된다
민주民主는 명주明主가 아니며
언론은 반드시 자유로워야 한다

이 시의 의미에 대해 이중톈은, "민주주의는 이른바 '명주明主' 즉 '현명한 전제정치'나 '현명한 군주'에 의존해서는 안 된다. 아무리 현명한 군주도 역시 군주이며 아무리 현명한 전제정치도 역시 전제정치다"라고 설명한 뒤, 차이딩젠의 유언을 재차 긍정했다. 이것은 오늘날 중국의 '당과 지도자에 의한 통치'가 '법에 의한 통치'로 이행되기를 바라는 그의 염원을 시사한다. '법에 의한 통치'가 바로 서지 않으면 언론의 자유도, 개인의 자유도 보장되지 못한다. 그리고 개인의 자유야말로 이중톈이 궁극적으로 지향하는 가치임이 그 다음 글에서 드러난다.

2. 「자유를 위해서라면」

이 글은 2010년 중국에서 큰 사회적 파장을 일으킨 '리훙하오李紅豪 사건'과 관련하여 이중톈이 어느 신문 기자의 질문에 답한 인터뷰 기사다. 당시 우한武漢의 고교 2학년생이었던 리훙하오는 중간고사 작문 시험에서 자신의 학교와 중국 교육제도 전반에 팽배한 '전제주의'를 맹렬히 비판했다. 이에 담임선생은 그에게 잘못을 반성할 때까지 수업에 들어오지 말 것이며 끝까지 자기 의견을 고집하면 전학을 가야 한다고 못 박았다. 그런데 리훙하오는 뜻밖에도 이 처분에 반발해 학교를 떠났고 이 사건의 경과를 인터넷에 올렸다. 이후 이 사건은 온라인에서 큰 논란을 불러 일으켰으며 나중에는 여러 유력 매체의 헤드라인 기사로 보도되었다.

기자는 처음부터 단도직입적으로 이중톈의 의견을 물었다.

"선생님은 이 사건을 어떻게 보십니까?"

이에 대한 이중톈의 대답이 꽤 걸작이다.

"중국의 교육이 지칠 줄 모르고 계속 애들을 망치고 있는데 이런 일이 안 일어나면 오히려 이상하죠."

놀란 기자는 얼른 화제를 돌렸다.

"리훙하오의 고교 1학년 때 담임선생은 인재가 스스로 자신을 망치는 게 아니라 사회가 인재를 망치는 것이라고 말했습니다. 이에 대해서는 어떻게 생각하십니까?"

"거꾸로 말해야 옳죠. 사회가 인재를 망치는 것이 아니라 인재 스스로 자신을 망치는 겁니다. 그 방법은 이렇습니다. '애들을 망치는' 교육제도를 알아서 받아들이고 그 '애들 망치는 기계'의 톱니바퀴나 나사가 돼버리는 거죠. 따라서 인재는 자기 자신이나 사회에 의해 망쳐지지 않는 학생입니다. 훌륭한 교사는 학생을 망치지 않는 교사이고요."

이 말을 듣고 기자의 표정이 어땠을지 사뭇 궁금하다. 어쨌든 기자는 계속 질문을 던졌다.

"교육의 근본적인 목적은 무엇입니까?"

"인간의 자유롭고 전면적인 발전입니다. 그 중에서도 자유가 전면적인 것보다 중요하지요. 이것은 마르크스와 엥겔스의 「공산당선언」만 봐도 알 수 있어요."

마지막 질문에서 기자는 사뭇 예민한 현실 문제를 건드린다.

"그러면 수능시험도 치지 말아야 하나요? (학생들) 관리도 하지 말아야 하나요?"

이중톈은 우선 "관리는 중요합니다. 수능시험은 더 가치 있는 것이고요"라고 말한 뒤, 드디어 가장 결정적인 발언을 한다.

"하지만 자유를 위해서라면 이 두 가지를 다 버릴 수 있습니다."

인터뷰는 여기에서 끝이 난다. 하지만 내가 기자였다면 집요하게 **258**

더 질문을 이어갔을 것이다.

"그러면 선생님은 자유를 위해 이 두 가지보다 훨씬 더 중요한 것도 포기할 수 있나요?"

그러면 이중톈은 살짝 놀란 표정을 감추고 이내 온화한 미소를 지으며 되물을 것이다.

"죄송하지만 뭘 말씀하시는 건지……"

그 순간, 나는 말문을 닫고 그와 눈을 마주칠 것이다. 말해야 할 것들이 머무는 곳은 종종 말이 아니라 눈빛이어야 하므로.

2015년 1월

본문에 언급된
사건들의 연표

1. 춘추 시대

기원전 722년(노 은공 원년)　정 장공이 숙단을 멸하고 이 사실을 『춘추』가 기술하기 시작했다.

기원전 718년(노 은공 5)　곡옥의 장백이 정나라, 형邢나라와 연합해 익을 공격했다. 주 환왕은 괵공에게 곡옥을 토벌하라 명하고 익에 애후哀侯를 세웠다. 이때부터 진晉나라에 관한 기록이 『좌전』에 나오기 시작한다.

기원전 709년(노 환공 3)　곡옥의 무공이 익을 토벌했고 한씨의 시조 한만韓萬이 전차를 몰았다.

기원전 706년(노 환공 6)　초 무왕이 수隨를 공격했다.

기원전 705년(노 환공 7)　곡옥의 무공이 진군晉君 소자후小子侯를 유인해 죽이고 이듬해 봄에 익을 멸했다.

기원전 701년(노 환공 11) 정 장공 사망.

기원전 694년(노 환공 18) 노 환공 피살.

기원전 685년(노 장공 9) 제 환공 즉위.

기원전 679년(노 장공 15) 제 환공이 패업을 개시.

기원전 678년(노 장공 16) 주 희왕이 곡옥의 무공에게 진후晉侯가 될 것을 명했다.

기원전 676년(노 장공 18) 진 헌공 즉위.

기원전 672년(노 장공 22) 진陳나라 공자 완完이 제나라로 도망가 전진씨의 시조가 되었다.

기원전 669년(노 장공 25) 진 헌공이 환숙과 장백의 자손을 몰살했다.

기원전 662년(노 장공 32) 노나라의 경보가 공자 반般을 죽이고 공자 계啓를 세웠으니 이 사람이 노 민공閔公이다.

기원전 660년(노 민공 2) 경보가 민공을 죽이고 계우가 공자 신申을 세웠으니 이 사람이 노 희공이다. 진 헌공이 태자 신생申生에게 적狄을 정벌하라고 명했다.

기원전 657년(노 희공 3) 초 성왕이 정나라를 공격했다.

기원전 656년(노 희공 4) 제나라와 초나라의 소릉 전투 발발. 여희驪姬가 진나라 태자 신생을 압박해 죽였다.

263 기원전 651년(노 희공 9) 규구 회맹에서 제 환공이 패주가 되었다. 진 헌

공이 죽고 진 혜공이 즉위했으며 송 양공도 즉위했다.

기원전 643년(노 희공 17) 제 환공 사망.

기원전 639년(노 희공 21) 송 양공이 초나라군에게 붙잡혀 패업에 실패.

기원전 638년(노 희공 22) 초나라와 송나라의 홍지전泓之戰에서 송 양공이
패전하고 부상을 입었다.

기원전 637년(노 희공 23) 송 양공과 진 혜공이 사망하고 진 회공이 즉위.

기원전 636년(노 희공 24) 진 목공이 진 문공의 귀국과 즉위를 돕고 진 회
공을 살해. 송 성공이 초나라에 가서 초 성왕을 알현. 왕자 대가 난
을 일으키고 동주의 도읍이 이민족 적의 공격에 함락되어 주 양왕이
정나라로 피신.

기원전 635년(노 희공 25) 진 문공이 출병해 왕자 대를 죽이고 주 양왕이
나라를 회복하도록 도왔다.

기원전 634년(노 희공 26) 송나라가 초나라를 배반하고 진나라 편에 섰다.

기원전 633년(노 희공 27) 초 성왕이 진陳, 채, 정, 허, 네 나라와 연합해
송나라를 포위.

기원전 632년(노 희공 28) 진나라와 초나라의 성복대전 발발. 천토 회맹에
서 진 문공이 패주가 되었다.

기원전 630년(노 희공 30) 진 문공이 진秦나라와 연합해 정나라를 정벌.
숙첨과 촉지무가 정나라를 구했고 진秦나라가 철군하여 두 진나라 사
이에 분열이 생겼다.

기원전 628년(노 희공 32) 진 문공 사망.

기원전 627년(노 희공 33) 진 목공이 정나라를 습격하려 했지만 현고가 이를 막았다. 이에 진秦나라군은 활나라를 멸했다. 진晉나라군은 강융과 손잡고 진나라를 공격해 맹명시, 서걸술, 백을병을 포로로 잡은 뒤 진 문공을 안장했다.

기원전 626년(노 문공 원년) 초나라의 상신이 부친인 성왕을 시해하고 스스로 즉위해 초 목왕이 되었다.

기원전 625년(노 문공 2) 두 진나라가 팽아에서 싸워 진秦나라가 패했다.

기원전 624년(노 문공 3) 진 목공이 진晉나라를 정벌하여 승리했다.

기원전 623년(노 문공 4) 진 목공이 서융을 정복.

기원전 621년(노 문공 6) 진 목공이 사망하고 진 강공이 즉위. 진 양공이 사망하고 진 영공이 즉위

기원전 613년(노 문공 14) 초 장왕 즉위.

기원전 607년(노 선공 2) 진晉 영공 피살.

기원전 605년(노 선공 4) 정 영공 피살.

기원전 599년(노 선공 10) 진陳 영공이 하희로 인해 피살.

기원전 598년(노 선공 11) 초 장왕이 진陳나라를 정벌해 하희를 포로로 삼았다.

기원전 597년(노 선공 12) 봄에 초 장왕이 정나라를 정벌하여 정나라가 **265** 투항했다. 여름에 진나라와 초나라의 필지전 발발.

기원전 595~594년(노 선공 14~15) 초 장왕이 송나라를 포위했다. 송나라는 필사적으로 싸우다가 항복했다. 노, 송, 정, 진陳이 초나라에 복종해 초나라는 패업을 이루었다.

기원전 594년(노 선공 15) 노나라가 처음으로 세무제를 실시했다.

기원전 590년(노 성공 원년) 노나라가 구갑을 조직했다.

기원전 584년(노 성공 7) 무신이 오나라에 사신으로 가서 전차 전투와 외교를 가르치고 진나라와 연합해 초나라를 정벌했다. 오나라의 부상으로 인해 『춘추』에 그 나라 이름이, 『좌전』에는 그 군주의 이름이 처음 출현했다.

기원전 583년(노 성공 8) 진나라가 조씨를 멸한 뒤, 다시 조무를 봉했다.

기원전 575년(노 성공 16) 진나라와 초나라의 언릉 전투 발발.

기원전 565년(노 양공 8) 정나라가 채나라를 정벌.

기원전 562년(노 양공 11) 노나라가 삼군을 만들었고 계손씨, 맹손씨, 숙손씨가 공실을 삼분해 하나씩 차지했다.

기원전 546년(노 양공 27) 미병지회가 열려 진나라와 초나라가 맹주 자리를 놓고 다투다가 초나라가 먼저 삽혈을 했다.

기원전 543년(노 양공 30) 정나라의 상경이 자산에게 재상의 권한을 넘겼다.

기원전 541년(노 소공 원년) 초나라 영윤 자위가 군주를 시해하고 즉위해 초 영왕이 되었다.

<u>기원전 538년(노 소공 4)</u> 초 영왕이 패업을 이루고 정나라 자산이 구부를 만들었다.

<u>기원전 537년(노 소공 5)</u> 삼환이 다시 노나라의 공실을 나눠 가졌다. 초나라가 오나라를 정벌하고 월나라가 초나라에 복종하여 월나라인이 처음 사서에 등장했다.

<u>기원전 536년(노 소공 6)</u> 정나라 자산이 형정을 주조했다.

<u>기원전 534년(노 소공 8)</u> 초 영왕이 진陳나라를 멸했다.

<u>기원전 531년(노 소공 11)</u> 초 영왕이 채 영공을 죽이고 채나라를 멸했으며 채나라 태자를 죽여 제사를 지냈다.

<u>기원전 529년(노 소공 13)</u> 초나라에 내란이 일어나 영왕이 자살했으며 진나라와 채나라가 국권을 회복했다. 진 소공晉昭公이 제, 노, 유劉, 송, 위, 정, 조曹, 거莒, 주邾, 등滕, 설薛, 기杞, 소주小邾와 평구平丘에서 맹회를 가졌다. 진나라가 제후들을 모은 것은 이것이 마지막이었다.

<u>기원전 522년(노 소공 20)</u> 자산이 죽었다. 공자는 그를 '옛날에 백성들에게 사랑을 남긴 인물古之遺愛'이라고 칭했다.

<u>기원전 517년(노 소공 25)</u> 노 소공이 계손씨를 공격하다가 패하여 외국으로 망명했다.

<u>기원전 516년(노 소공 26)</u> 초 평왕이 사망하고 초 소왕이 즉위.

<u>기원전 515년(노 소공 27)</u> 오나라 공자 광이 오왕 요僚를 죽이고 스스로 군주가 되니 이 사람이 바로 오왕 합려다.

267

기원전 513년(노 소공 29) 진晉나라가 형정을 주조했다. 이를 두고 공자는 "백성들이 솥에만 관심을 쏟을 것이니 어떻게 귀한 사람을 존중하겠는가民在鼎矣, 何以尊貴"라고 했다.

기원전 510년(노 소공 32) 오나라가 처음 월나라를 공격했다.

기원전 506년(노 정공 4) 오왕 합려가 초나라를 정벌해 5전 5승을 거두고 영도에 입성했으며 초 소왕은 도망쳤다. 합려는 패업을 이루었다.

기원전 505년(노 정공 5) 노나라 양호가 쿠데타를 일으켰다.

기원전 497년(노 정공 13) 범씨와 중항씨가 조씨를 공격했고 지씨, 한씨, 위씨가 조씨를 구했다.

기원전 496년(노 정공 14) 오나라와 월나라의 취리 전투 발발. 오왕 합려가 부상을 입고 죽자 오왕 부차가 왕위를 이었다. 월나라의 군주 이름이 처음 『좌전』에 실렸다.

기원전 494년(노 애공 원년) 오나라와 월나라의 부초 전투 발발. 오왕 부차가 거의 월나라를 멸할 뻔했다.

기원전 493년(노 애공 2) 조앙이 범씨와 중항씨의 정나라군을 격파했다. 이로써 범씨와 중항씨의 패망이 확실해졌다.

기원전 482년(노 애공 13) 월나라군이 오나라를 공격해 도읍을 차지했다.

기원전 481년(노 애공 14) 전항田恒이 제 간공을 죽이고 제 평공을 세움으로써 전진씨가 실질적으로 제나라를 차지했다.

기원전 480년(노 애공 15) 자로가 전사했다.

기원전 479년(노 애공 16) 공자가 사망하고 『춘추』의 기록이 이 해에서 멈췄다.

기원전 478년(노 애공 17) 초 혜왕이 진陳나라를 멸했다.

기원전 476년(노 애공 19) 『사기』「육국연표六國年表」는 이 해에서 시작된다.

기원전 475년(노 애공 20) 월왕 구천이 오나라를 포위했다.

기원전 473년(노 애공 22) 오왕 부차가 자살하고 오나라가 망했으며 구천이 패업을 이뤘다.

기원전 468년(노 애공 27) 노 애공이 월나라로 도망쳐 구천에게 몸을 의탁했다. 『좌전』의 기록은 이 해에서 끝난다.

기원전 458년(노 도공 10) 조씨, 지씨, 한씨, 위씨, 네 가문이 범씨와 중항씨의 땅을 나눠가졌는데 지씨의 몫이 가장 많았다.

2. 전국 시대

기원전 453년 조씨, 월씨, 한씨, 세 가문이 지씨를 멸했다.

기원전 447년 초 혜왕이 채나라를 멸했다.

기원전 445년 초 혜왕이 기나라를 멸했다.

기원전 440년 주 고왕考王이 동생을 하남河南에 봉했고 그는 서주 환공이라 불렸다.

269

기원전 431년 초 간왕簡王이 거나라를 멸했다.

기원전 403년 주 위열왕이 조양자의 질손 조적과 위환자의 손자 위사와 한강자의 손자 한건을 제후로 책봉해 조나라, 위나라, 한나라가 탄생했다. 『자치통감』의 기록은 이 해에서 시작된다.

기원전 391년 제나라 대부 전화가 제.강공을 바닷가로 축출해 성 하나를 식읍으로 주었다.

기원전 386년 전화가 주 안왕에 의해 제후로 책봉되었다.

기원전 379년 제 강공의 사망으로 강姜 성의 제나라가 완전히 망하고 제 위왕이 즉위했다.

기원전 376년 진 정공이 폐위되어 진晉나라가 망했다.

기원전 375년 한 애후가 정나라를 멸했다.

기원전 369년 위 혜왕 즉위.

기원전 367년 주 위왕의 막내아들이 공鞏에서 즉위하여 동주 혜공惠公이라 칭했다.

기원전 361년 진 효공이 인재를 모집해 상앙이 진나라에 들어갔고 이듬해에 변법을 개시했다.

기원전 346년 위衛나라가 자신을 후侯로 낮추고 삼진에 복종했다.

기원전 341년 제나라와 위나라의 마릉 전투에서 손빈이 방연을 격파했다.

기원전 340년 상앙이 위나라 공자 앙을 격파했다. 이에 위 혜왕은 상앙 **270**

을 등용하지 않은 것을 후회했다. 상앙은 상군으로 봉해졌다.

기원전 338년 진 혜왕이 상앙을 죽였다.

기원전 336년 맹자가 위 혜왕을 만났다.

기원전 334년 월왕 무강이 초나라를 치다가 패전하여 사망하고 월나라가 초나라에 복속되었다.

기원전 333년 장의가 진나라에 들어가고 소진이 종약장을 맡아 합종과 연횡이 시작되었다.

기원전 332년 진나라가 제나라와 손을 잡고 위나라가 조나라를 공격해 합종이 해제되었다.

기원전 328년 장의가 진나라의 재상이 되었다.

기원전 325년 진 혜왕이 왕으로 칭했다.

기원전 321년 제나라의 곽정군 전영이 죽고 아들 전문이 그 뒤를 이어 맹상군이 되었으며 사인들을 부양하는 기풍을 열었다.

기원전 320년 위衛나라가 다시 군君으로 격하되었다.

기원전 319년 송나라가 왕으로 칭했다.

기원전 316년 소진 사망.

기원전 314년 주 난왕赧王이 즉위하고 주 왕실이 동주와 서주로 분열되었다. 제 선왕이 맹자에게 정치에 관해 물었다.

기원전 313년 장의가 초 회왕을 속여 제나라와 단교하게 했다.

기원전 309년 장의 사망.

기원전 299년 초 회왕이 속아서 진나라로 들어가 연금되었다.

기원전 298년 조왕이 동생을 평원군에 봉했다.

기원전 296년   조 무령왕이 중산中山을 멸했다. 초 회왕이 진나라에서 병사했다.

기원전 288년 진 소양왕이 서제西帝로 칭하고 제왕을 동제東帝로 높이지만 얼마 후 취소했다.

기원전 286년 제 민왕이 송나라를 멸했다.

기원전 280년   진나라와 조나라가 민지에서 모임을 가질 때 인상여가 조왕을 도왔다.

기원전 276년 위왕이 동생을 신릉군에 봉했다.

기원전 263년 초왕이 황헐을 춘신군에 봉했다.

기원전 256년 진 소양왕이 서주를, 초 고열왕考烈王이 노나라를 멸했다.

기원전 254년 위衛나라가 위魏나라의 속국이 되었다.

기원전 251년 진 소양왕이 죽고 효문왕이 그 뒤를 이었다.

기원전 250년 진 효문왕이 죽고 장양왕이 그 뒤를 이었다.

기원전 249년 진 장양왕이 동주를 멸하여 주나라가 망했다.

기원전 247년 진 장양왕이 죽고 영정이 그 뒤를 이었으며 여불위가 상국이 되어 중부라고 불렸다.

기원전 241년 위衛나라가 진나라의 속국이 되었다.

기원전 237년 진왕 영정이 여불위의 재상직을 빼앗고 그의 빈객들에게 **272**

추방령을 내리지만 이사의 설득으로 추방령을 해제했다.

기원전 235년 여불위가 진왕 영정의 강요로 자살했다.

기원전 230년 진나라가 한나라를 멸했다.

기원전 228년 진나라가 조나라를 멸했다.

기원전 225년 진나라가 위나라를 멸했다.

기원전 223년 진나라가 초나라를 멸했다.

기원전 222년 진나라가 연나라를 멸했다.

기원전 221년 진나라가 제나라를 멸했다. 천하가 통일되고 진왕이 시황

제가 되었다.

이중톈 중국사
\05\

춘추에서 전국까지

초판 인쇄	2015년 1월 16일
초판 발행	2015년 1월 23일

지은이	이중톈
옮긴이	김택규
펴낸이	강성민
기획	김택규
편집	이은혜 박민수 이두루
편집보조	유지영 곽우정
마케팅	이연실 정현민 지문희 김주원
온라인 마케팅	김희숙 김상만 한수진 이천희
독자모니터링	황치영

펴낸곳	(주)글항아리	출판등록 2009년 1월 19일 제406-2009-000002호
주소	413-120 경기도 파주시 회동길 210
전자우편	bookpot@hanmail.net
전화번호	031-955-8891(마케팅) 031-955-1903(편집부)
팩스	031-955-2557

ISBN	978-89-6735-169-4 03900

글항아리는 (주)문학동네의 계열사입니다.

이 도서의 국립중앙도서관 출판시도서목록(CIP)은 서지정보유통지원시스템 홈페이지
(http://seoji.nl.go.kr)와 국가자료공동목록시스템(http://www.nl.go.kr/kolisnet)에서
이용하실 수 있습니다. (CIP제어번호 : CIP2014034760)